MARKE¹⁰

DEUTSCHE :
STANDARDS :

Mit herzlichem Dank für die engagierte und konstruktive Unterstützung an den Beirat von Marke[10]:

Christoph Berdi
absatzwirtschaft –
Zeitschrift für Marketing

Peter Englisch
Ernst & Young GmbH
Wirtschaftsprüfungsgesellschaft

Florian Haller
Serviceplan –
Gruppe für innovative Kommunikation
GmbH & Co. KG

Karen Heumann
thjnk – trautmann, heumann,
jochum und kemper ag

Dr. Antonella Mei-Pochtler
The Boston Consulting Group

Marc Meiré
Meiré und Meiré

Manfred Schüller
Nordpol⁺Hamburg –
Agentur für Kommunikation GmbH

Herausgeber:
Dr. Florian Langenscheidt

Chefredaktion:
Olaf Salié

Verlagsleitung:
Steffen Heemann

Projekt- und Redaktionsleitung:
Nicola Henkel

Gestaltung:
Meiré und Meiré

Endlektorat:
Julian von Heyl

1 MARKE UND MARKENFÜHRUNG
Raum für Begegnungen, Zeit für Gefühle
Christoph Berdi S. 1

2 MARKE UND MARKENPIRATERIE
Original oder Fälschung:
Markenpiraterie ist kein Kavaliersdelikt
Dr. Alexander Dröge S. 11

3 MARKE UND FAMILIENUNTERNEHMEN
Der Inhaber als Aushängeschild
Peter Englisch mit Johannes Rettig S. 21

4 MARKE UND MARKENDEHNUNG
Starke Marken strahlen weit
Prof. Dr. Franz-Rudolf Esch S. 31

5 MARKE UND TESTIMONIAL
Menschen prägen Marken,
Marken prägen Menschen
Prof. Dr. Karsten Kilian S. 41

6 MARKE UND GLOBALISIERUNG
Was die Welt zusammenhält:
Die Marke als globales Erlebnis
Dr. Antonella Mei-Pochtler S. 51

7 MARKE UND VERPACKUNG
Kleider machen Leute –
Verpackungen machen Marken
Prof. Dr. Frank Ohle S. 61

8 MARKE UND CHINA
Differenzierte Markenpositionen
schaffen Preispremium
Tom Ramoser S. 71

9 MARKE UND IHR WERT
Über das Wirk- und Wertpotenzial von Marken
Marc Sasserath mit Uwe Munzinger S. 81

10 MARKE UND INTERNET
Oder warum aus Markenmanagern Moderatoren
einer Gartenparty werden müssen
Prof. Dr. Klemens Skibicki S. 91

Vorwort des Herausgebers	VI
Autoren	XI
Literatur	XXV
Impressum	XXVIII

VORWORT DES HERAUSGEBERS

Wenn man mit einer berühmten Marke als Familienname geboren wird, liegt einem die Leidenschaft für Marken oft schon im Blut. Wenn man nach dem Studium der Germanistik, Philosophie und Publizistik nicht über Goethe oder Hegel promoviert, sondern eine Doktorarbeit über Werbung schreibt, zeigt sich das wohl deutlichst. Und wenn man seit der Gründung voll Engagement den Brand Club mitgestaltet und über Jahre am Branding Deutschlands mitarbeitet, wohl auch.

Deshalb ist es mir ein Herzensanliegen, seit nunmehr zehn Jahren die „Marken des Jahrhunderts" herauszugeben (und das „Deutsche Markenlexikon" gleich dazu). Das Buch hat die Wirtschaftsbestsellerliste erklommen, es ist durch großartige Kooperationen mit dem Goethe Institut, mit dem Auswärtigen Amt, mit den deutschen Botschaften, mit „Land der Ideen" und unzähligen Unternehmen in die ganze Welt getragen worden und hat das „Made in Germany" neu definiert für das 21. Jahrhundert.

Die Buchpremieren der verschiedenen Ausgaben waren Familientreffen der Besten an der deutschen Wirtschaft – von den ganz großen Global Players bis zu den kleinen, aber feinen Marken, die unser aller kollektives Bewusstsein tapezieren.

Deshalb wollen wir den zehnten Geburtstag groß feiern nahe des Gebäudes, das mehr als alle anderen für Deutschland steht. Und zum Geburtstag diesen schlanken Band herausbringen, in dem zehn ganz besondere Experten und Expertinnen zu den zehn drängendsten und aktuellsten Themen der Markenwelt heute Stellung nehmen.

Happy Birthday, Marken des Jahrhunderts –
und anregende Lektüre Ihnen!

Dr. Florian Langenscheidt

10 THEMEN
10 EXPERTEN
10 SEITEN

1. MARKE UND MARKENFÜHRUNG

Raum für Begegnungen, Zeit für Gefühle

Christoph Berdi

Als bestes Jahr der Vereinsgeschichte wird 2012 in die Annalen des Fußball-Bundesligisten BVB Borussia Dortmund eingehen. Die Mannschaft hat den DFB-Pokal gewonnen und die Deutsche Fußballmeisterschaft verteidigt. Dass die Freude darüber bei Fans und Freunden so überschwänglich herüberkommt und sich für viele authentischer anfühlt als beim Titelgewinn 2002, dürfte einen tieferen Grund haben: Vor zehn Jahren ahnten einige Fans bereits, dass bei den Schwarzgelben Gefahr im Verzug war, und die Entscheidungsträger wussten es sicher lange vor ihnen. Auf den Sieg in der Meisterschaft folgten Angst und Bangen, denn wirtschaftlich lag bei der Borussia einiges im Argen. 2006 wurde der Verein in letzter Sekunde vor der Insolvenz gerettet.

Die Erfolge der jüngsten Vergangenheit haben diesen bitteren Beigeschmack nicht. Die Marke BVB strahlt. Vor allem im sportlichen Glanz, aber auch, weil die Betriebswirte der Borussia mittlerweile strategisch und taktisch gut aufgestellt sind. Deshalb gewann der BVB in 2012 sportlich das Double, aber insgesamt das Triple: Für den Relaunch seiner Marke wurde der Verein im März 2012 mit einem

Sonderpreis des Marken-Award für exzellente Leistungen in der Markenführung ausgezeichnet, vergeben von absatzwirtschaft – Zeitschrift für Marketing und dem Deutschen Marketing-Verband (DMV). Mannschaftskapitän Sebastian Kehl nahm den Award in der „Night of the Brands" im Düsseldorfer Capitol-Theater mit in Empfang, aber das Scheinwerferlicht galt diesmal Geschäftsführer Joachim Watzke und Marketingchef Carsten Cramer. Mit ihnen strahlte BVB-Aufsichtsrat Peer Steinbrück um die Wette, und die vier ließen keinen Zweifel daran aufkommen, wie sehr der neue Claim des BVB Fans, Verein und Mannschaft verbindet: „Echte Liebe."

Solch eine emotionale Absolutheit können nur wenige Marken ernsthaft für sich in Anspruch nehmen, obwohl es viele gerne möchten. Das Wunschdenken der Markenführer geht so weit, dass sie mitunter etwas verwechseln: die Emotionalität, die eine Marke ausstrahlen kann, wenn sie gefühlvoll geführt wird, mit der Proklamation einer wie auch immer gearteten Gefühligkeit. Beispiele gefällig? „Wir lieben Logistik", behauptet UPS. Der Spruch „Wir lieben Schuhe" des österreichischen Schuhherstellers Humanic klingt genauso einfallslos, wenn auch mit Blick auf die Warengruppe etwas glaubwürdiger. Immerhin schreit da niemand vor Glück. Ansonsten wird im Marketing „geliebt", dass man glauben könnte, es ginge hier um alles, nur nicht ums Geschäft: Edeka liebt Lebensmittel, Saturn liebte Technik, Apetito liebte es frisch und VW tat alles aus Liebe zum Automobil. Die Welt der Wirtschaft und des Marketing müsste demnach ein sehr empathischer Ort sein…

Ausnahmen bestätigen die Regel, dass die Verbraucher mit Liebe als leerer Worthülse überschüttet werden. McDonald's hat es mit „Ich liebe es" zum Beispiel besser gemacht, weil dieser einst von der deutschen Werbeagentur Heye und Partner ersonnene Spruch weltweit („I'm lovin' it") subtiler funktioniert als andere Liebesschwüre: Im Burger-

1. MARKE UND MARKENFÜHRUNG

»Nun sind *Emotionen* für den Erfolg einer Marke, mit der Verbrauchern auch *Orientierung, Sicherheit und ein ideeller Mehrwert* verkauft werden, erfolgsentscheidend.«

brater-Claim wird der Kunde zum Subjekt und nicht das Unternehmen. Im schlechteren Fall, um den Unterschied deutlich zu machen, hätte es heißen müssen: „Wir lieben Burger."

Nun sind Emotionen für den Erfolg einer Marke, mit der Verbrauchern auch Orientierung, Sicherheit und ein ideeller Mehrwert verkauft werden, entscheidend. Das bedeutet: Gefühle sind immer im Spiel, und nach wie vor gilt, zumal in der vernetzten Welt der sozialen Medien, was Hans Domizlaff, Vater der Markentechnik und Autor des wegweisenden Buchs „Die Gewinnung des öffentlichen Vertrauens", schon vor über 70 Jahren postulierte:

„Es ist keine mechanische Rechnung, die zu guten Markenschöpfungen führt, sondern ein durch Selbsterziehung gewonnenes Einfühlungsvermögen, ein schöpferischer Einfall, der die vielen – bewusst meist gar nicht mehr übersehbaren – beziehungsreichen Fäden zu einem festen Gewebe vereinigt, um ein Markengebilde entstehen zu lassen, das bereits in der Geburtsstunde seinem Schöpfer gegenüber Selbstständigkeit zu beanspruchen anfängt und auf dem Markte eine Lebenskraft beweist, die nur noch Diener duldet."

Das Lebenselixier des immateriellen Wesens Marke sind die Gefühle, die sie bei den Menschen auslöst. Kein Wunder also, dass sich zum Stichwort „Emotionalisierung" wahrscheinlich in fast jeder PowerPoint-Präsentation zu Launch, Relaunch oder Dehnung einer Marke ein paar Charts finden. Das ist im Prinzip auch gut so, denn mit dem reinen Produktnutzen ist heute mit einer Marke kein Staat mehr zu machen. Aber es braucht halt mehr als eine behauptete Emotionalität. Sie muss sich ergeben aus der Art und Weise, wie Marken gewachsen oder konzipiert worden sind, wie sie geführt und beworben werden, aus den Werten und Attributen, für die sie stehen. Markenführung muss den Kunden die Möglichkeit geben, einer authentischen Marke offen zu begegnen, und sie muss den Raum für eine emotionale Reaktion schaffen.

Dazu bedarf es eines Managementsystems, das die moderne Kommunikationswelt, die Berührungspunkte zwischen Marke und Kunde im Vertrieb und Service, sowie die Wertewelt, für die eine Marke steht, berücksichtigt – und gleichzeitig für die unternehmensstrategische und betriebswirtschaftliche Erdung der Marke sorgt. Die Aufgabe für die Markenverantwortlichen besteht darin, ihre Marken im Domizlaff'schen Sinne ins Leben zu entlassen – dahin, wo die Kunden ihnen an den Touchpoints, in der Werbung und im Gebrauch begegnen, wo es sich entscheidet, ob die Kunden das Angebot ablehnen oder begeistert sind, ob sie sich nach dem ersten Kauf abwenden, wiederholt kaufen oder die Marke gar empfehlen. Wo sich ebenso Antipathie und Loyalität entwickeln können, wo sich die Gefühle für eine Marke entwickeln und entfalten können – oder eben nicht.

Wie solche Markenräume entstehen und gemanagt werden, zeigen Marken wie Apple oder Google, bei denen die emotionale Bindung der Verbraucher vor allem auf Markenerlebnissen beruht. Beide Marken verzichten übrigens auf einen Claim, worüber Werbeagenturen, die meinen,

1. MARKE UND MARKENFÜHRUNG

Marken auf Gedeih und Verderb mittels eines Spruchs positionieren zu müssen, einmal nachdenken sollten. Aber natürlich überlassen diese beiden Power Brands ihre Marke im echten Leben nicht ihrem Schicksal, sondern führen sie systematisch an allen Touchpoints. Und im Falle von Apple gilt das für Produkt, Packaging und Läden. Man denke nur an den kathedralenartigen Apple Store in New York. Würden hier Anspruch der Marke und Wirklichkeit der Markenführung nicht auf hohem Niveau in Einklang stehen, ergäbe sich ein Bruch, wenn nicht gar eine kognitive Verwerfung. Aber für viele Apple-Kunden scheint es geradezu logisch und angemessen, dass sich „ihre" Marke derart inszeniert. Wofür die Marke stehen sollte – darüber verliert Apple jedoch kein Wort. Wozu auch? Mancher Apfel ist eben jede Sünde wert.

Apple hat als Marke also eine solche Ausnahmestellung inne, dass Sie sich von ihr inspirieren lassen, aber sie nicht unbedingt nachahmen sollten. Woran aber orientieren, wenn es darum geht, Begegnungen und Erlebnisse mit Marken zu ermöglichen? Welchen Bezugsrahmen gilt es aufzubauen, um eine Marke im Sinne der Unternehmensstrategie zu führen? Und wie sollte die Kommunikation einer Marke konzipiert werden, damit die Verbraucher mit ihr in Beziehung treten können? Auf solche Fragen geben viele Theorien und Tools zur Markenführung Antworten. Ziel an dieser Stelle ist es keineswegs, noch eine Lösung anzubieten, sondern die Essenz aus den Best-Practice-Case-Studies der Gewinner des Marken-Awards. Die Jury mit Vertretern aus Unternehmen, Wissenschaft, Beratung und Agenturen hat sich nicht nur ihre singulären Leistungen in Werbung oder Absatz angeschaut, sondern die Markenführung umfassend betrachtet – mit all ihren Facetten in Strategie, Kommunikation, Vertrieb und Pricing – und ihr Zusammenspiel bewertet.

Unter den Gewinnern befinden sich große Konsumgüterkonzerne wie Procter & Gamble („Meister Proper"),

> »Wie sich herausgestellt hat, ist eine *Mischung aus gesundem Marketing- und Menschenverstand* besonders erfolgsversprechend.«

Henkel („Syoss") oder Beiersdorf („Nivea") ebenso wie Familienunternehmen wie Dr. C. Soldan („Em-eukal") oder Mast-Jägermeister. Medienhäuser wie die Süddeutsche Zeitung oder der Landwirtschaftsverlag Münster („Landlust") haben den Preis eingeheimst, ebenso die Automobilkonzerne BMW („Mini") und Volkswagen („Skoda"). Manche Überraschung gelang der Jury, etwa durch die Auszeichnung der bis dahin in den alten Bundesländern unbekannten sächsischen Getreidemarke „Wurzener" oder des studentischen Start-ups „True-Fruits" als „Beste Neue Marke". Dienstleistungsmarken sind mit dem Marken-Award ausgezeichnet worden, etwa Air Berlin, Ergo Versicherungen und die Deutsche Bahn. Sonderpreisgewinner wie die Hilfsorganisationen „Aktion Mensch", „SOS Kinderdörfer" und eben der Fußballbundesligist BVB belegen, wie weit die „Ausweitung der Markenzone", so der Titel eines Buchs von Kai-Uwe Hellmann und Rüdiger Pichler, gediehen ist.

Jedes dieser Fallbeispiele steht für sich, aber durch die Zusammenarbeit von Roland Berger Strategy Consultants und absatzwirtschaft – Zeitschrift für Marketing ist es gelungen, die Quintessenz all dieser Siegerstorys herauszuarbeiten, gezogen aus den Erfolgsfaktoren und -strategien von 36 Gewinnern seit 2001. Sie geben Hinweise darauf, worauf es in der Hinwendung der Marke zum Verbraucher ankommt, wie viel Know-how, Herzblut und Fingerspitzengefühl vonnöten sind, damit sich die emotionale Bande zwischen Marke und Verbraucher ausbilden kann. Wie sich herausgestellt hat, ist eine Mischung aus gesundem Marketing- und Menschenverstand besonders erfolgsversprechend.

Worauf sollten Markenkapitäne demnach achten? Der Analyse zufolge müssen die Unternehmen zuerst die Bedürfnisse und Motivation ihrer Zielgruppen detailliert verstehen lernen und aus diesem Wissen die Markenwerte ableiten. Auch sollte sich eine Marke im Sinne einer „Brand USP" vom Wettbewerb differenzieren. Nicht unbedingt im Produktnutzen, was dem alten Verständnis der Differenzierung entspricht, die aber in vielen Warengruppen kaum mehr möglich ist. Vielmehr geht es darum, ideelle und Mehrwerte zu vermitteln und sich in der Art und Weise, wie sich die Marke ins Leben der Nutzer integriert, vom Wettbewerb zu unterscheiden. Auch die Kommunikation kann ein Mittel sein, um sich von der Konkurrenz abzusetzen. Authentizität ist dabei Pflicht – und harte Arbeit: Henkel kann gar nicht anders, als „Syoss" in Zukunft immer als Marke mit Friseurqualität zu erschwinglichen Preisen zu führen. Der Landwirtschaftsverlag muss bei der Zeitschrift Landlust trotz des Erfolgs gerade bei Städtern immer darauf achten, dass die Sehnsüchte auf das Landleben gerichtet werden. Brüche in der Markenführung sind zu vermeiden, und das heißt ganz häufig: Nicht jede Geschäftschance ist es wert, genutzt zu werden, und nicht jeder noch so verführerisch erscheinende Kommunikationsanlass zahlt wirklich aufs Markenkonto ein. Marken, das zeigen die Geschichten der Marken-Award-Gewinner, werden darüber hinaus besser evolutionär und nicht revolutionär entwickelt. Inno-

> »Erfolgreiche Marken sind nicht nur *sorgsam* positioniert, sondern sie werden auch genauso gesteuert.«

vationen, etwa Line Extensions oder Submarken, müssen in Einklang mit dem Markenkern stehen. Beiersdorf ist das mit der Power Brand Nivea in der Vergangenheit mal mehr, mal weniger gut gelungen. Auf dem Ausflug in die Welt der Kosmetik mit Nivea Beauté sind die deutschen Verbraucher der Marke nicht gefolgt, die Submarke wurde wieder eingestellt. Nivea for Men allerdings ist eine Erfolgsstory, weil sie exakt und nachvollziehbar am Markenkern der sanften Hautpflege liegt.

Natürlich sollten die Ziele der Marke mit den Zielen des Unternehmens kongruent sein, wobei aber auch zu beachten ist, dass eine Marke nicht jedem Ziel eines Unternehmens dienen kann. So ist es wirtschaftlich nachvollziehbar, dass der Papierkonzern SCA nach der Übernahme der Marke Tempo deren Absatz steigern wollte; ob die generisch für Papiertaschentücher stehende Marke aber die richtige für die Dehnung in das Segment Toilettenpapier war, mag einmal dahingestellt bleiben.

Erfolgreiche Marken sind nicht nur sorgsam positioniert, sondern sie werden auch genauso gesteuert. Dazu muss es auch intern im Unternehmen stimmen. Ein wesentlicher Punkt: Markenführung ist Chefsache, ein Leadership-Thema, und sie muss nachhaltig in der Organisation sowie in allen wesentlichen Prozessen verankert werden. Die Marke

1. MARKE UND MARKENFÜHRUNG

»Die Kunst besteht darin, die *Marke so eng zu führen*, dass sie den Absichten und Zielen des Unternehmens dient, ohne jedoch dem Verbraucher die Luft zum Atmen zu nehmen.«

wirkt von innen nach außen. Alle Mitarbeiter, und das ist eine anspruchsvolle Führungsaufgabe, sollten als überzeugte Markenbotschafter auftreten. Dies ist umso wichtiger, als dass exzellente Markenführung niemals das Ergebnis eines Erfolgsfaktors allein ist. Und weil die mannigfaltigen Aspekte der Markenführung orchestriert werden müssen, was nicht zuletzt auch Agenturen und andere Dienstleister einschließt, ist es hilfreich, wenn eine Marke eindeutig positioniert und die Mitarbeiter ihre Wesensmerkmale verinnerlicht haben.

Neuralgischster Punkt ist sicher der Vertrieb, der unter Verkaufsdruck steht, und schon mal Verrat an den Markenwerten begeht. So ist es zum Beispiel mancher Premiummarke nicht gut bekommen, statt über den Fachhandel plötzlich über die Baumärkte vertrieben zu werden. Und nicht nur der Vertriebskanal ist entscheidend: Auch den Absatz über zu niedrige Preise zu fördern ist in der Markenführung oft keine gute Idee.

Letztlich, und da schließt sich der Kreis zu den Verbrauchern und der Situation, in welcher sie der Marke begegnen, muss der Marketing-Mix ganzheitlich betrachtet und umgesetzt werden. Dazu gehört, dass die Marke an allen Touchpoints immer das gleiche Gesicht zeigt. In der Werbung, in den Läden, im Service, im Internet und in den sozialen Medien ebenso wie in Print, TV oder auf Messen. Eine Marke muss konsistent über alle Elemente des Marketing-Mix inszeniert werden. Dabei ist für die Wahl der Kommunikationsinstrumente ausschlaggebend, wie relevant sie für die jeweilige Zielgruppe sind, und nicht, welchen kreativen Spielraum ein Kanal bietet. Dieser ist nur Mittel zum Zweck, den Verbraucher zur richtigen Zeit mit dem geeigneten Inhalt zu erreichen.

Dieser Auszug aus den Erfolgsregeln der „Brand Excellence", wie absatzwirtschaft und Roland Berger die Studie zu den Marken-Award-Gewinnern genannt haben, zeigt: Ohne Leadership im Unternehmen und konsequentes Management der Marken stellt sich kein nachhaltiger Erfolg ein. Die Kunst besteht darin, die Marke so eng zu führen, dass sie den Absichten und Zielen des Unternehmens dient, ohne jedoch dem Verbraucher die Luft zum Atmen zu nehmen. Wenn ein Unternehmen nur pusht, statt den Pull durch den Verbraucher zu animieren, tötet es jede Emotionalität im Keim. Oder um es mit den Worten von Borussia Dortmunds Chefmarketer Carsten Cramer zu sagen, der mit Blick auf die empfindsamen Fans des Vereins den Anspruch an seine eigene Arbeit formuliert hat: „Sie dürfen die Markenführung nicht spüren."

2. MARKE UND MARKENPIRATERIE

Original oder Fälschung:
Markenpiraterie ist kein Kavaliersdelikt

Dr. Alexander Dröge

Nichts trübt die Freude am Glanz der Marke, nichts erschüttert das Vertrauen des Verbrauchers in die Qualität und Leistungsfähigkeit von Produkten, und nichts untergräbt die Leistungsfähigkeit und Innovationskraft von Markenunternehmen in gleicher Weise wie Produkt- und Markenpiraterie.

Mehr noch, sie fügt den Verbrauchern, die unwissentlich gefälschte Waren kaufen, große finanzielle Schäden zu und immer häufiger bedroht sie auch direkt die Gesundheit und das Leben von Menschen. Dabei sind die finanziellen Schäden bei Verbrauchern enorm. Eine repräsentative Umfrage bei 2.500 Verbrauchern hat gezeigt, dass gut zwei Drittel der Betroffenen unbewusst Fälschungen gekauft haben, also zu viel Geld für ein vermeintlich echtes Produkt ausgegeben haben, dass sich später als mehr oder weniger wertlose Fälschung herausgestellt hat.

Bei geschätzten 40–50 Milliarden Euro Schäden alleine für die deutsche Wirtschaft wird damit auf einen Blick klar, dass der finanzielle Schaden für die Verbraucher ebenfalls in Milliardenhöhen geht.

Doch diese Zahlen verblassen, wenn man auf die zunehmend weiter steigenden Gefahren für die Gesundheit und das Leben der Verbraucher schaut. Erschreckend und eindrucksvoll zugleich, lässt sich dies durch eine Reihe aktueller Zahlen belegen. Bei der Beschlagnahmung durch den deutschen Zoll ist alleine im Bereich der Spielwaren ein Anstieg von 25 Prozent im Vergleich der Jahre 2010 und 2011 zu verzeichnen. Gezielt rücken also auch die Kleinsten und Wehrlosesten ins Visier der Fälscher. Noch dramatischer liest sich allerdings die aktuelle EU-Zollstatistik: 24 Prozent der beschlagnahmten Artikel waren Medikamente. Hier geht es nicht mehr um den schönen Schein der Marke, sondern um das pure Sein der Menschen. Will man diese Gefahren an einem Beispiel verdeutlichen, muss man

Jahr	Anzahl der erfassten Güter	Anzahl der erfassten Fälle
2000	67.790.547	6.253
2001	94.421.497	5.056
2002	84.951.039	7.553
2003	92.218.700	10.709
2004	103.546.179	22.311
2005	75.733.068	26.704
2006	128.631.295	37.334
2007	79.076.458	43.671
2008	178.908.278	49.381
2009	117.959.298	43.572
2010	103.306.928	79.112

Dramatischer Anstieg der erfassten Fälle
Quelle: Report on EU customs enforcement of intellectual property rights, results at the EU border – 2010

2. MARKE UND MARKENPIRATERIE

nur nach Großbritannien schauen. Im Jahr 2007 fanden 72.000 Packungen gefälschter Medikamente ihren Weg in die legale Lieferkette. 25.000 erreichten den Verbraucher und blieben unauffindbar. Tausende Menschen nahmen Medikamente gegen Prostata-Krebs, Herzbeschwerden und Schizophrenie, die bestenfalls wirkungslos waren.

Und doch leben wir hier in Europa im Vergleich zu anderen Teilen der Welt auf einer „Insel der Glückseligen". An Malaria sterben weltweit jährlich rund 800.000 Menschen. Die Weltgesundheitsorganisation WHO schätzt,

Anzahl der erfassten Fälle nach Transportwegen (in %)

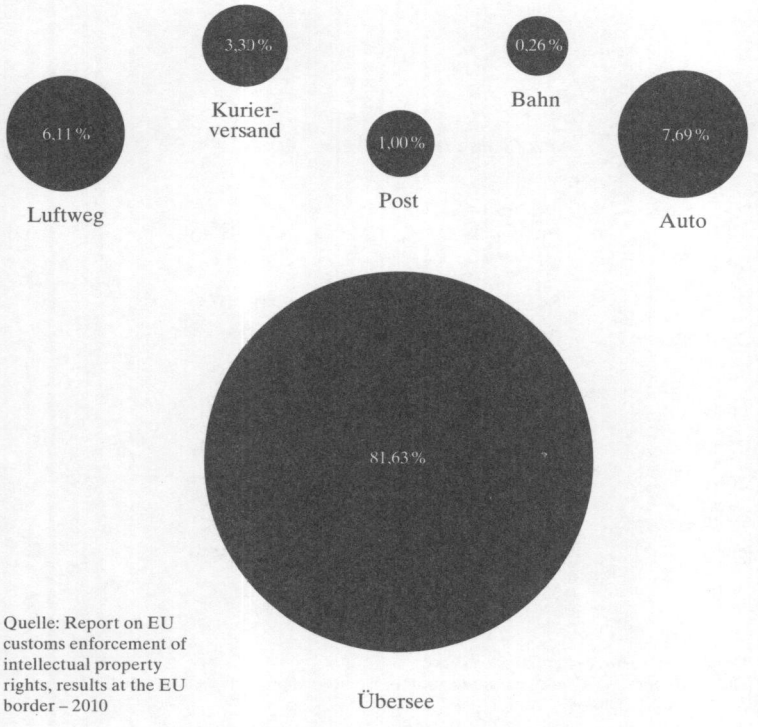

Quelle: Report on EU customs enforcement of intellectual property rights, results at the EU border – 2010

dass rund ein Drittel aller Malariamedikamente weltweit gefälscht sind. Hunderttausende hoffen also in ihrer Not auf Hilfe und werden Opfer von Kriminellen. Die Ministerin für parlamentarische Angelegenheiten in Indien, Sushma Swaraj, bezeichnet Produkt- und Markenpiraterie daher zu Recht als „Massenmord aus Profitgier". Warum vor diesem Hintergrund viele Menschen, Gerichte und leider auch einige Politiker immer noch glauben, bei Produkt- und Markenpiraterie handele es sich um ein Kavaliersdelikt, ist unverständlich.

Anzahl der erfassten Fälle im Postversand (in %)

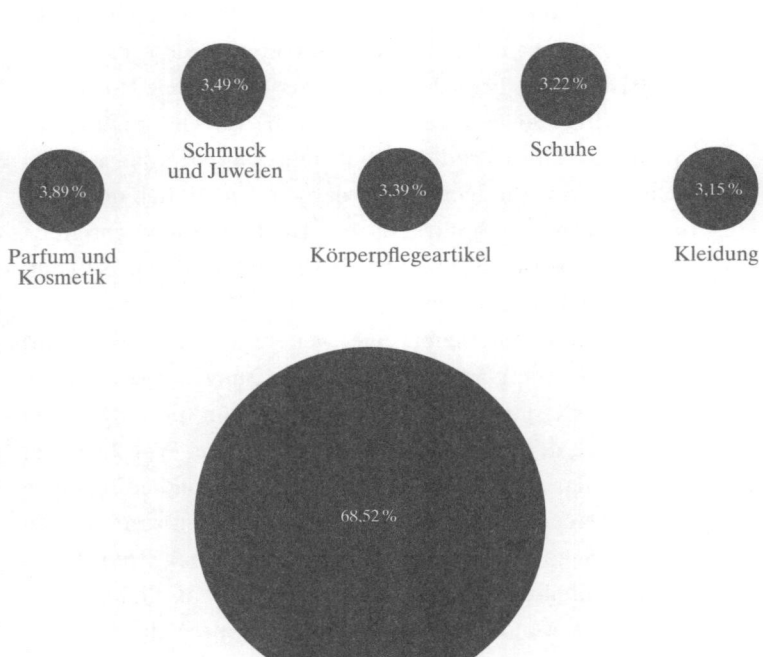

2. MARKE UND MARKENPIRATERIE

Es ist bedauerlich, aber vermutlich bedarf es erst einer Katastrophe in der westlichen Welt, bevor die Problematik ernst genommen wird. Derer denkbar sind zumindest viele, insbesondere, wenn man die Schätzungen der US Federal Aviation Administration betrachtet, die von mehr als einer halben Million gefälschter Flugzeugteile ausgeht.

Doch nicht jede Fälschung ist von solcher Dramatik begleitet. Wichtig aber ist auch die Botschaft an all jene, die gefälschte Waren bewusst kaufen, weil sie sich ein günstiges Schnäppchen erhoffen. Jedoch: Marken darf man, Marken muss man sogar genießen! Doch was kann ich an einer Marke genießen? Die Antwort lautet: die Qualität! Die Freude, dass ein Markenprodukt besser funktioniert und länger hält als ein billiges No-Name-Produkt! Doch wie soll man unter diesem Aspekt eine Fälschung genießen? Bei einem Produkt, das in Funktionalität und Haltbarkeit in der Regel noch deutlich schlechter ist als jedes billige No-Name-Produkt. Genießen kann man auch das Design und die Schönheit eines Produkts, mit dem man sich selbst sogar schmücken kann. Doch wer will es genießen, sich mit fremden Federn zu schmücken? Ein Blender, ein Wichtigtuer, und als ebensolche werden diese letztlich auch erkannt! Genuss sieht anders aus!

Und dann bleibt eine weitere wichtige Botschaft an all jene, die glauben, Produktfälschungen seien nur ein harmloses Urlaubsmitbringsel: Es geht um die Folgen und Umstände der Herstellung dieser Produkte. Wer zu Recht fordert, dass Markenhersteller Arbeitsschutzbedingungen und angemessene Löhne in Fertigungsstätten rund um die Welt und, soweit Kontrolle möglich, auch bei ihren Zulieferern einhalten, kann und muss sich von Fälschungen entschieden abwenden. Illegale Fertigungsstätten gleichen eher Arbeitslagern denn normalen Produktionsstandorten. Die menschliche Gesundheit zählt hier ebenso wenig wie der Umweltschutz. Keine Behörden oder internationale Orga-

Rangfolge der erfassten Artikel (in %)

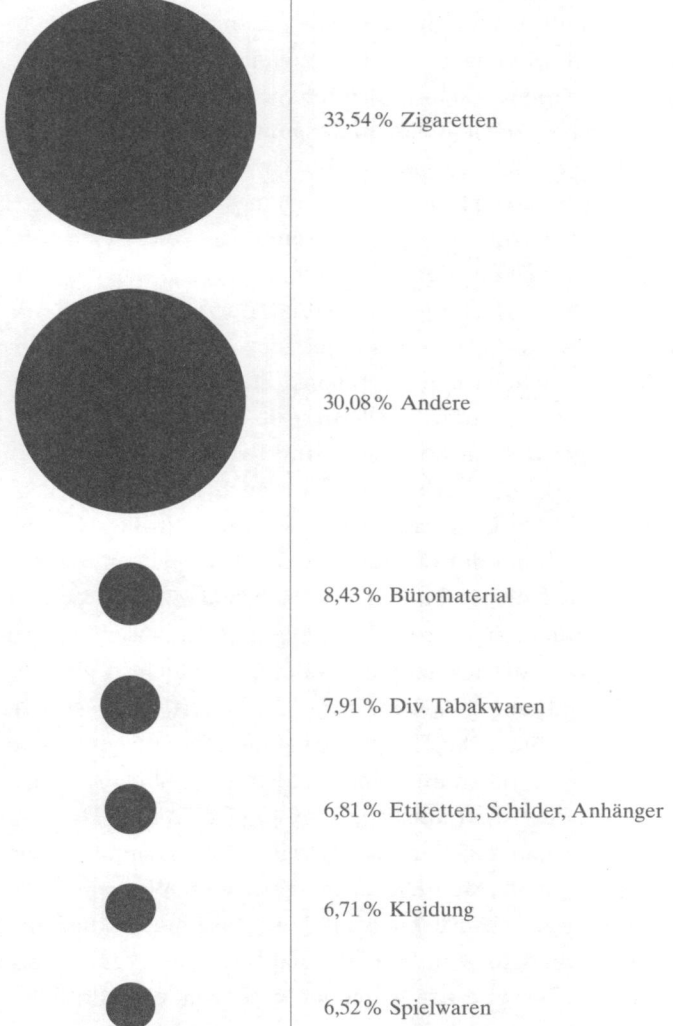

33,54 % Zigaretten

30,08 % Andere

8,43 % Büromaterial

7,91 % Div. Tabakwaren

6,81 % Etiketten, Schilder, Anhänger

6,71 % Kleidung

6,52 % Spielwaren

Beschlagnahmte Güter nach Beliebtheit
Quelle: Report on EU customs enforcement of intellectual property rights,
results at the EU border – 2010

2. MARKE UND MARKENPIRATERIE

nisationen überwachen die Einhaltung von Arbeitsbedingungen und Sicherheitsstandards. Wie sollten sie auch? Hinter diesen Produkten stehen keine seriösen Anbieter. Kriminelle, die illegale Produkte herstellen, sind ausschließlich an eigener Gewinnmaximierung interessiert. Weder die Sicherheit des Produkts selbst noch die Sicherheit derjenigen, die es herstellen, spielt in diesem Zusammenhang eine Rolle. Es ist allein deshalb die moralische Verpflichtung eines jeden Verbrauchers, von bewussten Fälschungskäufen abzusehen.

Aber trotz all dieser Erkenntnisse, die vielen Verbrauchern auch bewusst sind, blüht dieser Zweig der Kriminalität wie kaum ein anderer. Hierzu trägt aber vor allem ein weiterer Aspekt bei, der in der Kalkulation aller Kriminellen eine vorrangige Stellung einnimmt: das Verhältnis von Profit und Risiko. Je höher der Profit und je geringer das Risiko, desto attraktiver ist jede Form der Kriminalität für Verbrecher. Und auch hier schlägt Produkt- und Markenpiraterie alle Rekorde. Profitraten, die teilweise an die des Drogenhandels heranreichen, und ein faktisches Null-Risiko sind der Nährboden für diese Art der Kriminalität. Wer in Deutschland Zehntausende Euro stiehlt, dem droht eine Haftstrafe; wer jedoch in gleicher Größenordnung gefälschte Waren verkauft, kann sich in aller Regel über die Einstellung seines Verfahrens freuen oder kassiert allenfalls eine Geldstrafe. Dabei ist längst klar: Produkt- und Markenpiraterie gehen häufig Hand in Hand mit anderen Formen organisierter Kriminalität wie Drogenhandel, Menschenschmuggel und Waffenhandel. Interpol weist ausdrücklich auf diese Zusammenhänge hin. Mehr noch, bereits im Jahr 2003 hat Interpol bekannt gegeben, dass Beweise zur Annahme vorliegen, dass Produkt- und Markenpiraterie mehr und mehr der Finanzierung von Terrorismus dient. Betroffen waren in einem Fall übrigens deutsche Bremsbeläge im Wert von 1,2 Millionen Dollar, die im Libanon aufgefunden wurden und der Finanzierung

> »Die Tatsache, dass internationale Abkommen zur *Durchsetzung von Markenrechten* schon in Deutschland und Europa sabotiert werden, trägt zu der *schwierigen Lage*, in der sich Unternehmen hier befinden, ein Übriges bei.«

der Hisbollah dienen sollten. Das Desinteresse der Öffentlichkeit, der Politik und der Gerichte wird vor diesem Hintergrund nur noch unfassbarer.

Die aus dieser Problematik resultierenden Schäden bei den betroffenen Unternehmen schnellen in exorbitante Höhen und in der Folge müssen Unternehmen selbst immer stärker die Verfolgung einer Kriminalität in die Hand nehmen, bei der der Staat bislang weitestgehend versagt hat. So finanzieren viele Unternehmen inzwischen ganze Abteilungen, die sich damit befassen, Fälschungen rund um die Welt aufzuspüren und kriminelle Hersteller und Händler ausfindig zu machen. Dass dies in China, immer noch Nr.-1-Herkunftsland für Fälschungen, durch besondere Hürden erschwert ist, treibt die Kosten für die Unternehmen weiter in die Höhe. Problematisch ist dabei weniger das geschriebene Wort des Gesetzes als vielmehr die Frage der

2. MARKE UND MARKENPIRATERIE

praktischen Durchsetzbarkeit, der Dauer und der Kosten vor chinesischen Gerichten. Die Tatsache, dass internationale Abkommen zur Durchsetzung von Markenrechten schon in Deutschland und Europa sabotiert werden, trägt zu der schwierigen Lage, in der sich Unternehmen hier befinden, ein Übriges bei. Gleichzeitig stellt es ein schönes Beispiel für die Diskrepanz zwischen politischen Sonntagsreden, in denen man die Innovationskraft deutscher Unternehmen und die Notwendigkeit des Schutzes geistigen Eigentums zum Erhalt dieser Innovationen predigt, und der gelebten politischen Wirklichkeit dar.

Eine besondere Herausforderung im Zusammenhang mit Produkt- und Markenpiraterie ist aber, wie in vielen anderen Bereichen auch, das Internet. Dieses hat sich inzwischen zum Vertriebskanal Nummer eins für gefälschte Waren entwickelt. Die Zahlen zur Grenzbeschlagnahmung im Postverkehr explodierten daher in den letzten Jahren regelrecht: Für den deutschen Zoll gilt dies beispielsweise vom Jahr 2009 bis 2010 für bis zu 170 Prozent.

Die Frage, die sich daher stellt, ist, was und vor allem wer kann diese Flut von Fälschungen im Internet eindämmen? Markenrechtsinhaber und spezialisierte Dienstleister und Kanzleien bemühen sich nach Kräften, Online-Verkaufsplattformen und Online-Shops zu überwachen. Die eigentliche Kompetenz dieser Tätigkeit liegt aber vor allem bei denen, die die Marktplätze betreiben, und bei Suchmaschinen. Völlig zu Recht hat daher die EU-Kommission festgestellt, dass sich diese Vermittler im Hinblick auf Prävention und die Beendigung von Verletzungen von Rechten geistigen Eigentums in einer günstigen Position befinden und man daher untersuchen sollte, wie man sie enger einbinden kann. Allein, Ergebnisse stehen hier leider aus.

Es bleibt daher bei der Erkenntnis, dass die Bekämpfung einer Kriminalität, die allen schadet – denn selbst dem Staat entgehen jährlich Steuereinnahmen in Milliardenhöhe –, einzig auf den Schultern der betroffenen Unternehmen lastet. Eine tragische Feststellung, wenn man bedenkt, dass sie ohnehin die Hauptleidtragenden sind.

Dennoch leisten die Unternehmen durch ihre Arbeit sehr viel bei der Bekämpfung der Produkt- und Markenpiraterie. Wenn man ihnen in ihrem Bemühen, Produkt- und Markenkriminalität zu bekämpfen, jedoch einen Vorwurf machen will, dann wohl diesen, dass viele die Problematik als Tabuthema behandeln. Der Glaube, man schade der eigenen Marke, wenn aufgrund öffentlicher Verlautbarungen der Verbraucher die Marke mit Produkt- und Markenpiraterie in Verbindung bringt, fasst zu kurz.

Alle sind betroffen, können und müssen dies auch so kommunizieren! Wenn die Opfer von Kriminalität sich nicht hinreichend in die gesellschaftliche Diskussion einbringen, kommt der Diskussion selbst auch nicht die Bedeutung zu, die ihr aufgrund der Dramatik der zugeführten Schäden eigentlich zukäme.

3. MARKE UND FAMILIENUNTERNEHMEN

Der Inhaber als Aushängeschild

Peter Englisch mit Johannes Rettig

Ob Otto, Porsche oder Miele, ob Oetker, Deichmann oder Hengstenberg: Viele deutsche Familienunternehmen tragen Namen, die auf der ganzen Welt bekannt sind. Und viele der bedeutendsten Marken in Deutschland gehören auch heute noch ihrem Namensträger. Die Firmen heißen wie die Inhaber, die Menschen wie ihre Produkte. Sie sind stets sie selbst – aber immer eine Marke. Mit ihren Namen stehen sie für Leistungen, Auftreten und Verhalten gegenüber Kunden, Lieferanten, Kapitalgebern und Mitarbeitern. Doch welche Herausforderungen, Besonderheiten und Wechselwirkungen ergeben sich aus der Verbindung zwischen Familienname und Marke?

Familienunternehmen sind auf der ganzen Welt präsent und nach wie vor die meistverbreitete Organisationsform. Je nach Definition befinden sich über 70 Prozent aller Unternehmen weltweit in Familienbesitz (IFERA, 2003). In Deutschland erwirtschaften Familienunternehmen 41,5 Prozent aller Unternehmensumsätze und beschäftigen 57,3 Prozent der sozialversicherungspflichtigen Arbeitnehmer (Haunschild/Wolter, 2010). Somit bilden sie das starke Rückgrat der deutschen Wirtschaft.

Noch vor wenigen Jahren wurden diese oftmals überdurchschnittlich innovativen und stabilen Unternehmen in der breiten Öffentlichkeit als „Auslaufmodell" bezeichnet. Diese negative Wahrnehmung hat sich vor allem infolge der letzten Finanzkrise maßgeblich gewandelt. Heute stehen in der Bevölkerung, einhergehend mit dem schnellen Wandel der Gesellschaft und einem verschärften globalen Wettbewerb, wieder eher konservativere Werte wie Beständigkeit und Vertrauen im Vordergrund. Dies versetzt Unternehmen in Familienhand in eine attraktive Lage, insbesondere gegenüber den eher anonymen Publikumsgesellschaften.

Während Publikumsgesellschaften von den Medien als kurzlebig und gewinnorientiert charakterisiert werden, gelten Familienunternehmen als langlebige, bodenständige und authentische Institutionen, auf die man vertrauen kann (Miller/Le Breton-Miller, 2005). Auf diese Weise haben Familienunternehmen die Chance, sich mit der Marke „Familie" von den Wettbewerbern abzuheben und sich durch die Einzigartigkeit ihrer Familie einen nicht imitierbaren Wettbewerbsvorteil zu verschaffen.

Zahlreiche Unternehmen haben dieses Potenzial klar erkannt und geben sich gegenüber ihren Anspruchsgruppen und in ihren Werbeaussagen insofern als Familienunternehmen zu erkennen, als sie die Familie ins Zentrum ihrer Markenidentität stellen: Im engeren Sinn steht die Markenidentität für das Selbstbild (das Selbstverständnis) einer Marke. Durch die Wirkung von Leistung, Kommunikation und Verhalten der Marke entsteht ein Image (das Fremdbild). Die Marke ist umso kraftvoller, je stärker deren Selbstbild mit ihrem Fremdbild übereinstimmt. Drei Faktoren bringen die Markenidentität zum Ausdruck: das visuelle Erscheinungsbild (Corporate Design), die Leistung (Corporate Performance) und das Verhalten (Corporate Behavior). Nur wenn alle drei Faktoren schlüssig aufeinander abgestimmt sind, entsteht ein widerspruchsfreies Markenimage.

Markenidentität = Selbstbild der Marke

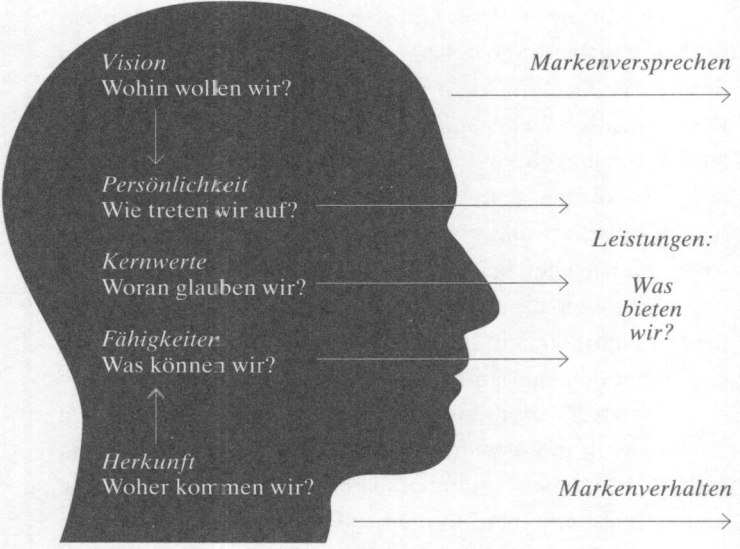

Der identitätsorientierte Markenansatz: Kunde-Marke-Beziehung
Quelle: Burman, Blinda und Nitschke, 2003

Dazu zählen Unternehmen wie Ernsting's Family („Von fröhlichen Familien empfohlen"), Haribo („Haribo macht Kinder froh und Erwachsene ebenso") oder Lego („Für die Kleinen das Größte"). Andere bevorzugen es, auf ihren Familiennamen (Hipp: „Dafür stehe ich mit meinem Namen"), die Anzahl der Generationen in Familienhand (Festo: „Familienunternehmen in dritter Generation"), eine lange Tradition (Bahlsen: „Genuss seit 1889") sowie die Historie des Unternehmens (Prym: „Seit Jahrhunderten im Geschäft") zu verweisen. Die Markenidentität dieser Unternehmen dient dabei dem Ziel, eine Beziehung zwischen Marke und Kunde aufzubauen. Sie schafft Vertrauen und leistet einen Wertbeitrag, der den funktionalen Nutzen mit dem emotionalen Nutzen verbindet.

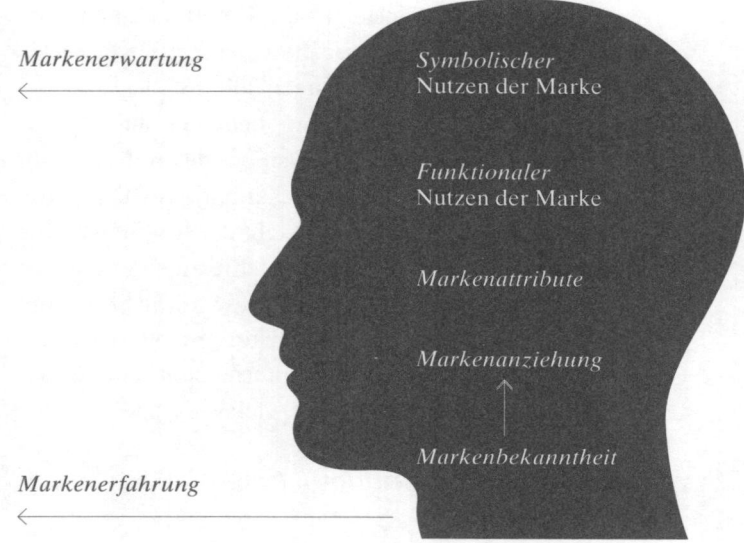

Was ist eine Marke und wofür steht sie?

Nach klassischem Verständnis (Mellerowicz, 1963) ist eine Marke ein physisches Kennzeichen für die Herkunft eines Produkts. Aufgrund veränderter Markt- und Umweltbedingungen hat sich das Markenverständnis zwischenzeitlich jedoch deutlich gewandelt. Globalisierung, gesättigte Märkte, homogene Produkte, sinkende Markentreue und Informationsüberlastung bestimmen heute die Wettbewerbssituation der Unternehmen. Aus diesem Grund definiert Esch (2004, S. 23) die Marke aus psychologischem Blickwinkel als „Vorstellungsbilder in den Köpfen der Konsumenten, die eine Identifikations- und Differenzierungsfunktion übernehmen und das Wahlverhalten prägen". Die Marke hat sich somit von der reinen Kennzeichnungsfunktion zu einem Wertetrei-

3. MARKE UND FAMILIENUNTERNEHMEN

ber entwickelt, in dem Einstellungen, Emotionen und Images unmittelbar mit Marken assoziiert werden (Esch/Wicke/ Rempel, 2005, S. 11; Merkle/Kreutzer, 2008, S. 21–27).

Von „Marke" zu sprechen, bedeutet auch, Kunden ein „Markenversprechen" zu geben, das mit verlässlicher Orientierung und Qualitätssicherheit assoziiert wird. Gerade bei Familienunternehmen steht dafür oft der Name der Familie selbst, der im Laufe der Jahre zu einer eigenen Marke wurde (Hesse, 2011). Der Name wird nicht nur mit spezifischen Produkten und Dienstleistungen in Verbindung gebracht, sondern auch mit dem Unternehmer, der für das Unternehmen Verantwortung trägt, gleichgesetzt.

Stärken von Familienunternehmen

Familienunternehmen scheinen sich von den sogenannten Publikumsgesellschaften durch besondere Stärken abzuheben. Dank ihrer längerfristigen Perspektive und Planung, ihrer besonderen Eigentümerstruktur und Entscheidungswege, ihrer Mitarbeiterentwicklung und ihrer loyalen Mitarbeiter sowie ihrer Kundenorientiertheit und ihrem starken Netzwerk befinden sich Familienunternehmen im Allgemeinen in einer besseren Ausgangslage, um den Turbulenzen der unbeständigen Finanzmärkte standzuhalten.

Da Familienunternehmen in der Regel langfristig planen und unter einem geringeren Druck von außen stehen, Dividenden an Aktionäre auszahlen zu müssen, können sie oft die Fallstricke „schneller Lösungen" vermeiden – wie drastische Preissenkungen, schrumpfende Innovationsbudgets, Personalkürzungen und das Verlassen unrentabler Märkte. Sie tendieren eher dazu, unter herausfordernden wirtschaftlichen Bedingungen zu investieren, hoch qualifiziertes Personal einzustellen und Chancen, die Firmenübernahmen bieten, zu nutzen.

Organisationsstruktur und Verwaltungshierarchien der Familienbetriebe sind normalerweise weniger bürokratisch als die von Publikumsgesellschaften. Daher können Pläne schnell geändert, Geschäftsprozesse angepasst und Kosten gesenkt werden, wo immer dies erforderlich ist. Dies bedeutet, dass Familienunternehmen häufig schneller reagieren und so die Wettbewerber hinter sich lassen können.

Kunden schätzen das „menschliche Gesicht", die Verlässlichkeit und die Wertorientierung der Familienunternehmen. Dies bestärkt sie darin, dem Unternehmen ein Maß an Loyalität und Vertrauen entgegenzubringen, von dem Publikumsgesellschaften nur träumen können. Diese Fähigkeiten haben es vielen Familienunternehmen ermöglicht, sich binnen kürzester Zeit zu Weltmarktführern zu entwickeln.

Differenzierung über die Familienidentität

Nicht nur das, was Familienunternehmen tun, versetzt sie strategisch in die Lage, erfolgreicher zu sein. Die Wettbewerbsstärke von Familienunternehmen beruht vielmehr auf der Verbindung zwischen Namensträger und Unternehmen. Hinter den Produkten und Dienstleistungen von Familienunternehmen stehen Menschen aus Fleisch und Blut. Diese Verbindung erzeugt neben Vertrauen auch Emotionen – und das überträgt sich auf die Produkte und Dienstleistungen.

Je mehr Familienmitglieder im Unternehmen aktiv sind, desto mehr Präsenz haben die Familie, ihre Überzeugungen und Werte im Unternehmen. Durch eine erhöhte Präsenz der Familie wird das Unternehmen gleichzeitig verstärkt als „Familienunternehmen" wahrgenommen und die Familienkultur und familiäre Werte stärker in das Unternehmen hineingetragen. Daraus resultiert idealerweise ein hohes Verantwortungsgefühl der Mitarbeiter füreinander und für den Erfolg des Unternehmens, was gleichzeitig ein hohes Maß an Identifikation mit dem Unternehmen bedeutet.

3. MARKE UND FAMILIENUNTERNEHMEN

Soziale Verantwortung als Erfolgsfaktor

Gesellschaftliche Verantwortung gehört für viele Famlien und ihre Unternehmen zur gelebten Unternehmenskultur. Dahinter steht die Tatsache, dass sie aufgrund ihrer persönlichen, engen Verbundenheit mit der Region, den Mitarbeitern und deren Familien – stärker als Publikumsgesellschaften – eine Unternehmenskultur pflegen, die auf nachhaltigen Erfolg, regionale Verankerung und ein Wir-Gefühl im Unternehmen ausgerichtet ist.

Familienunternehmen sind besonders aktiv in der Förderung ihrer Mitarbeiter, im Engagement für junge Menschen, bei der Vereinbarkeit von Familie und Beruf sowie in der Förderung von Sport und Kultur in der Region. Oft ist es ihnen ein Anliegen, Partnerschaften zwischen Wirtschaft und Non-Profit-Organisationen nicht nur auf eine finanzielle Basis zu stellen, sondern die Beziehung durch die Entwicklung und Umsetzung gemeinsamer Ideen zu intensivieren.

Der Mehrwert dieses Engagements ist nach innen wie nach außen wirksam. Nach außen erzeugt es positive Image- und Sympathiewerte für das Unternehmen – vorausgesetzt, die Kommunikation wird darauf abgestimmt. In der Innenwirkung zeigt sich, dass die Mitarbeiter darauf stolz sind, auch selbst einen Beitrag leisten zu können.

Das Familienelement wirksam einsetzen

Marketingverantwortliche in Familienunternehmen haben die Möglichkeit, Wettbewerbsvorteile zu nutzen, die andere Unternehmen nicht haben. Sie können sich auf eine vielfältige und einzigartige Identität stützen, die geprägt ist durch die Person des Inhabers.

Den Familienvorteil wirksam zu nutzen beginnt dabei mit der Erkenntnis, dass Familie und Unternehmen unterschiedliche Eigenschaften und Strukturen besitzen. So

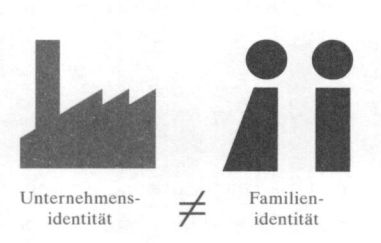

| Unterschiedliche Identität | Gemeinsame Identität |

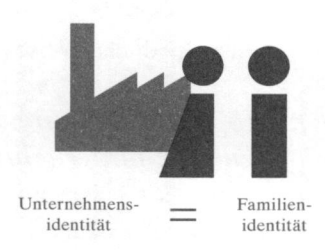

Unternehmens-identität ≠ Familien-identität | Unternehmens-identität = Familien-identität

Zusammenhänge zwischen der Unternehmens- und Familienidentität
Quelle: Ernst & Young

können Unternehmens- und Familienidentität in mehr oder weniger engem Zusammenhang stehen:

Beispiel 1:
In diesem Fall sind beide Identitäten (Unternehmens- und Familienidentität) voneinander separiert (vgl. Abbildung o. l.). Weder Markenname noch Kommunikation heben die Verbindung zwischen Familie und Unternehmen hervor. Zu diesem Szenario kommt es oft in sogenannten „familienbeeinflussten Unternehmen". Von dieser Unternehmensform spricht man, wenn die Familie mindestens 50 Prozent der Anteile hält oder mindestens 25 Prozent und zugleich über eine Geschäftsführerposition maßgeblichen Einfluss auf das Unternehmen nehmen kann.

Beispiel 2:
In diesem Fall sind die Identität der Familie und des Unternehmens miteinander verflochten (vgl. Abbildung o. r.). Hier ist die Familie stärker in die Geschäftsführung und das Tagesgeschäft involviert und beeinflusst die Geschicke des Unternehmens maßgeblich. Speziell diese Situation eignet sich in idealer Weise, um eine Marke „Familienunternehmen" ins Leben zu rufen.

3. MARKE UND FAMILIENUNTERNEHMEN

Das Wissen um die Marke „Familienunternehmen" machen sich Marketingverantwortliche mittlerweile auf unterschiedliche Weise zunutze.

Möglichkeit 1 – Bewerbung des Typus „Familienunternehmen":

So hat sich beispielsweise das US-amerikanische Unternehmen S.C. Johnson dazu entschieden, den Untertitel „a family company" in ihr Logo aufzunehmen. Auf diese Weise möchte man die Markenidentität als Familienunternehmen nachdrücklich unterstreichen und den Geschäftspartnern kommunizieren, dass es sich um ein Familienunternehmen handelt. Die britische Bäckereikette Warburton geht sogar noch einen Schritt weiter und ergänzte ihr Logo mit dem Slogan „Family Bakers". Beide Spielarten können die Markierung des eigenen Unternehmens als Familienunternehmen positiv beeinflussen.

Möglichkeit 2 – Bewerbung der Eigenschaften von Familienunternehmen:

Eine weitere Spielart der Markierung von Familienunternehmen leitet sich aus den Eigenschaften und Stärken von Familienunternehmen ab, die eine im Ansatz sogar noch stärkere Botschaft darstellen kann. Beispielsweise ergänzte William Grant, ein schottisches Familienunternehmen, das Firmenlogo um den Untertitel „Independent Family Distillers since 1887". Da Unabhängigkeit von Natur aus gleichbedeutend mit Familienunternehmen ist, vermittelt diese Variante Geschäftspartnern das Gefühl von Stabilität, was den spezifischen Vorteil im Geschäft mit Familienunternehmen noch zusätzlich unterstreicht. Darüber hinaus gelingt es dem Unternehmen so, „Stolz und Selbstbewusstsein" zu vermitteln, was manchen Mitarbeiter dazu bewegen wird, die Unabhängigkeit weiter sicherzustellen und zu unterstützen.

Möglichkeit 3 – Herausstellen der Familienwerte:
Die dritte Variante berücksichtigt die Überzeugungen und Werte einer Marke. Dabei geht es darum, einzigartige und inspirierende Ziele und Visionen der Inhaberfamilie aufzugreifen. So hat Cargill, ein multinationales Familienunternehmen mit Hauptsitz in Minnesota (USA), den Anspruch, stets vertrauenswürdig, kreativ und unternehmerisch zu handeln, was sich auch in den Unternehmenszielen niederschlägt. Entsprechend hat das Unternehmen den Slogan formuliert: „Our word is our bond" (zu Deutsch: „Unser Wort ist unser Versprechen"). Dieser Slogan macht sehr deutlich, mit welch hohen ethischen Standards das Unternehmen geführt wird.

Wichtig ist zu beachten, dass sich die dargestellten Möglichkeiten nicht gegenseitig ausschließen. Auch eine Kombination kann zu einem schlüssigen Markenrahmen führen.

Fazit:
Die Verbindung von Unternehmens- und Familienidentität bietet die Chance, die Marke effizient und nachhaltig im Markt zu bewerben. Zugleich birgt sie aber die Gefahr, dass die Lebensführung des Namensgebers oder Zweifel an seiner Kompetenz und Integrität der Marke schaden können. In diesem Zusammenhang kommt einem selbstauferlegten Verhaltenskodex eine hohe Bedeutung zu. Dieser sollte verbindliche Richtlinien und Verhaltensregeln beinhalten, um langfristig verantwortungsvolles Handeln, auch in ökonomischer, ökologischer und sozialer Hinsicht, sowohl von den Mitgliedern der Inhaberfamilie als auch von den Mitarbeitern sicherzustellen. Sollte dies beachtet werden, steht einer erfolgreichen Marke „Familienunternehmen" als eigenständigem Gütesiegel nichts mehr im Wege.

4. MARKE UND MARKENDEHNUNG

Starke Marken strahlen weit

Prof. Dr. Franz-Rudolf Esch

1. Marken sind die Goldadern von Unternehmen. Man sollte sie hüten und pflegen, anstatt sie auszubeuten.

„Menschen und Marken statt Maschinen" lautet das Ergebnis einer Podiumsdiskussion auf dem Weltwirtschaftsforum in Davos zu den Erfolgsfaktoren im 21. Jahrhundert. Marken sind zentrale immaterielle Wertschöpfer in Unternehmen. Kunden kaufen keine Produkte oder Dienstleistungen, sie kaufen Marken. Schaut man sich die wertvollsten Marken der Welt an, so wird schnell klar, welch einen Wert eine Marke hat. Laut PWC (2005) liegt der Anteil des Markenwerts am Unternehmenswert bei 67 Prozent, das ist mehr als beachtlich. Oft kann man mit Marken nicht nur ein Preis-, sondern auch ein Mengenpremium erzielen. Ein VW Golf ist bei vergleichbarer Motorisierung und Ausstattung ca. 2.000 Euro teurer als ein Ford Focus. Dennoch wurden im Jahr 2009 in Deutschland 366.231 Golf im Vergleich zu 64.255 Focus verkauft.

Doch der Wert fällt nicht vom Himmel: Mercedes-Benz ist der Erfinder des Automobils, Google kannte vor

»Kunden kaufen keine *Produkte* oder *Dienstleistungen*, sie kaufen *Marken*.«

14 Jahren niemand, heute zählt Google mit 55,32 Mrd. Dollar, laut Interbrand, zu den zehn wertvollsten Marken der Welt. Ein Leben ohne Google ist kaum noch vorstellbar: Jeder „googelt" nach Informationen im Internet. Red Bull hat Taurin hoffähig gemacht.

All diese Unternehmen haben in ihre Marken investiert und die wesensprägenden Merkmale in einer ausdrucksstarken Markenidentität zusammengefasst.

Diese Marken können beantworten, wer sie sind und warum Kunden sie gegenüber Wettbewerbsmarken wählen sollen. Sowohl BMW als auch Mercedes-Benz bauen hervorragende Autos. Ein BMW wird jedoch primär wegen Sportlichkeit, Dynamik und Freude am Fahren gekauft, ein Mercedes-Benz hingegen wegen Sicherheit und Prestige. Starke Marken belegen klare Plätze im Kopf der Kunden. Somit gilt:

2. Die Markenstärke in den Köpfen der Kunden ist das Fundament für Wachstum.

Marken sind Vorstellungsbilder in den Köpfen der Kunden, die die Marke im Meer der Angebote wiedererkennbar machen und von Wettbewerbern differenzieren. Je stärker die Marke, desto klarer das Markenbild. Wir wissen, dass der wesentliche Unterschied zwischen starken und schwachen Marken die Emotionen sind:

4. MARKE UND MARKENDEHNUNG

»Mit *starken Marken* werden positive Emotionen und Gefühle verknüpft, mit *schwachen Marken* hingegen negative.«

Mit starken Marken werden positive Emotionen und Gefühle verknüpft, mit schwachen Marken hingegen negative.

Dies hat sich in unserer neuronalen Studie, bei der zehn starke Marken mit zehn schwachen Marken aus unterschiedlichen Kategorien verglichen wurden, deutlich gezeigt. Bei starken Marken weiß man, was einen erwartet. Man hat Vertrauen in diese Marken und baut eine Bindung zu ihnen auf. Maggi ist der gute Helfer in der Küche. Man verbindet mit Maggi den prägnanten Farbcode gelb und rot, die klassische Maggi-Würze usw. Genau dies ist der Ansatzpunkt für künftiges Wachstum. Alleine mit der Maggi-Würze würde Maggi heute womöglich nicht mehr existieren. Deshalb entwickelt das Unternehmen laufend neue Produkte unter der Marke, um den Kunden mit weiteren Helfern die Arbeit in der Küche zu erleichtern und für Vielfalt beim Essen zu sorgen. Und dies mit großem Erfolg – und mit Augenmaß. Einiges geht – einiges geht nicht. Gut ist, wenn man es vorher weiß. Denn: Würden Sie gerne Eis von Maggi essen? Was sind nun die Voraussetzungen für eine wirksame Markendehnung?

3. Ohne Markenkraft keine wirksame Markendehnung. Schwache Marken strahlen nicht aus.

Natürlich will jede Marke wachsen, aber nicht jede Marke hat das Zeug dazu. Bei der Markendehnung nutzt man die Kraft der Marke, um mit dieser entweder neue Produkte in einer vorhandenen Kategorie einzuführen (z. B. unterschiedliche Düfte bei Meister Proper Reinigungsmittel oder Geschmacksrichtungen bei Milka Tafelschokolade) oder in eine neue Kategorie einzudringen (z. B. Meister Proper Waschmittel oder Milka Schokodrinks). In beiden Fällen zielt man auf einen positiven Imagetransfer auf das Erweiterungsprodukt ab. Die Marke profitiert in der Regel davon, weil sie durch neue Produkte noch sichtbarer wird und bei Passung des Produkts die Bindung an die Marke wächst.

Aber: Jede Regel hat Ausnahmen, so auch bei starken Marken.

4. Marken, die als Synonym für eine Kategorie stehen, haben einen eingebauten Wachstumsbegrenzer. Den kann man lösen: aber nicht immer.

Es gibt Marken, die als Synonym für eine Kategorie genutzt werden. Statt Papiertaschentuch sprechen viele von Tempo und der Nuss-Nugat-Brotaufstrich heißt schlicht Nutella. Oft sind es die Ersten der Kategorie, die diese erst neu geschaffen haben. Hier ist die Stärke die Schwäche, denn durch diese funktionale Verknüpfung mit der Kategorie wird das Dehnen schwer. Oder würden Sie gerne Ihren Gästen auf einem festlich gedeckten Tisch Tempo-Servietten präsentieren?

Eine Dehnung ist nur dann möglich, wenn man die Marke mit einem Nutzen oder Erlebnis verknüpfen kann (Nivea = Pflege), weil dadurch die Grenzen der Kategorie

4. MARKE UND MARKENDEHNUNG

(Nivea = Creme) gesprengt werden können. Nivea ist dies erfolgreich gelungen. Zudem gilt: Wer zu spät kommt, den bestraft das Leben. Tempo hat dies leidvoll erfahren, als man viel zu spät und ohne erkennbare Nutzenverbreiterung in den Markt für den heiß umkämpften und vom Preis dominierten Toilettenpapier eingetreten ist, mit mehr als mäßigem Erfolg. Offensichtlich schützt die Marke nicht vor einem Misserfolg, wenn man eine Dehnung nicht zu Ende denkt. Insofern:

5. Vieles ist denkbar, nur weniges möglich. Die Passung entscheidet über Erfolg oder Misserfolg.

Denken schadet nicht. Will man mit der Marke wachsen, ist es wichtig, möglichst viele potenzielle Felder zur Markendehnung aufzutun und diese genau zu analysieren. Aus Markensicht entscheidend ist dabei der Markenfit: Darunter versteht man die Passung der Marke zu der jeweils angestrebten neuen Kategorie. Beispiel Smoothies: Die Marken Knorr, Schwartau und Chiquita sind in den Markt für Smoothies eingetreten. Die Erfolge dieser Marken waren nachweislich sehr unterschiedlich. Allerdings hätte man dies auch schon vorab durch einen Test auf Passung feststellen können: Die Passung von Knorr ist in der neuen Kategorie am geringsten, man verknüpft Knorr wie Maggi vor allem mit Gewürzmischungen, Kochzutaten und Fertig-Gerichten. Bei Schwartau ist die Passung größer: Wer aus Früchten Marmelade machen kann, kann auch Smoothies produzieren. Mit Abstand den besten Fit hat jedoch Chiquita: Der Weg von der frischen Frucht zum Smoothie lässt sich am schnellsten bahnen. Die Passung ist da. Zudem werden hier negative Aspekte (mit Zuckerzusatz wie bei Schwartau) gar nicht erst evoziert. Bei der Analyse der Passung kann der Perspektivenwechsel nicht schaden.

6. Drum prüfe, wer sich dehnt.

So verlockend die Kapitalisierung der Marke durch Dehnung ist, so gut sollte man diesen Schritt analysieren. Je mehr etablierte Wettbewerber im Markt vorhanden sind und je ähnlicher deren Positionierung zum eigenen Image ist, umso schwieriger wird ein Markterfolg. Ein mangelnder Zugang zu Absatzmittlern kann ebenfalls ein Problem sein.

Mit Blick auf das Unternehmen spielen technologische Fähigkeiten, finanzielle Ressourcen sowie Know-how und Management-Skills eine wesentliche Rolle für potenzielle Markendehnungen. Wachstumsbegrenzer lassen sich allerdings durch die Vergabe von Markenlizenzen an einen geeigneten Partner umgehen, sofern die Markenvorgaben an den Partner klar definiert sind. Viele Bekleidungshersteller wie BOSS, Armani usw. nutzen die Markenlizenzierung zur Vermarktung von Parfums und vielfältigen Accessoires (Schuhe, Gürtel, Uhren, Schmuck usw.) unter ihrem Namen – und dies mit großem Erfolg. Allerdings sollte man sich dadurch nicht zu sehr verführen lassen, denn:

7. Nicht jede Dehnung führt zum Erfolg. Manager sollten die Grenzen der Marke akzeptieren.

Die Gier nach Wachstum scheint teilweise grenzenlos. Entsprechend wird alles aus der Marke herausgeholt, teilweise sogar mehr, als die Marke hergibt. Harley Davidson hat es bei Markenlizenzierungen schon mit rosa Kleidern für Mädchen und Mädchenspielzeug versucht, Joop! ist auf der Jagd nach Profit mit Joop! Unterwäsche im Discounter auf Wühltischen gelandet.

Bei der Dehnung gibt es eine Vielzahl von Richtungen: Man kann Marken in neue Kategorien dehnen, wie dies BMW etwa mit dem Roller C1 mit Überrollbügel versucht hat, oder innerhalb der Kategorie nach oben, wie VW dies mit dem Phaeton angestrebt hat, und nach unten, wie dies Mercedes-Benz mit der A-Klasse gemacht hat. Nach oben ist schwieriger als nach unten, weil man hier in der Regel in ein Anspruchsniveau vordringt, das häufig schon durch andere starke Marken belegt ist, im Falle des Phaeton von Mercedes-Benz, BMW und Audi. Nach unten ist leichter, weil dort eine höher positionierte Marke ihre ganze Begehrlichkeit ausspielen kann. Es ist aber auch gefährlicher: Die A-Klasse hat nicht dazu beigetragen, die Marke Mercedes-Benz zu stärken, sondern vom Markenkonto abgehoben. Offensichtlich ist es schwierig, Prestige in diese Modellklasse überzeugend zu transferieren. Zudem muss die Umsetzung zur Marke passen. Beide Kriterien sind offensichtlich beim 1er BMW besser erfüllt.

8. Die Grenzen der Marke sind dehnbar.

Hier gilt oft das Motto: „The winner takes it all!" Je größer die vorangegangenen Erfolge bei Markendehnungen, umso größer wird das Vertrauen in die Marke, dass auch die nächste Markendehnung ein Erfolg wird. Entsprechend ist es so, dass man bei einer starken Marke durch Markendehnungen auch den Bereich, für den eine Marke steht, erweitern kann. Nivea ist dies über viele Jahre hinweg sehr erfolgreich gelungen, von der klassischen Creme hin zu Sonnenschutzmittel, Haarshampoo, Deo usw. Ähnlich verhält es sich bei Porsche. Dies geht allerdings nur so weit, wie das Image der Marke nicht verwässert wird.

9. Kommunikation kann helfen, Hürden zu überwinden.

Heutzutage haben die meisten Marken naheliegende Erweiterungsoptionen bereits ausgeschöpft. Deshalb bieten sich

Wachstumsoptionen meist nur noch in Bereichen, die mit einem höheren Risiko verbunden sind, weil sie sich weiter vom Markenkern entfernen. Zur Erhöhung der Passung und Steigerung der Akzeptanz bieten sich im Wesentlichen vier Möglichkeiten:

Die kommunikative Auslobung der Passung
Würde man beispielsweise unter der Marke Dallmayr auch Pralinen im Handel anbieten, so wäre hier die Passung vergleichsweise hoch. Man könnte demnach auch dominant die mit Dallmayr verbundenen Elemente in der Kommunikation nutzen: die Farben Gold und Braun, das Münchner Traditionshaus, die Exklusivität usw. Im Bereich Rührkuchen wäre nur noch eine mittelmäßige Passung vorhanden. In diesem Fall wäre eine Kombination markentypischer Elemente von Dallmayr mit typischen Aussagen und Bildern aus der neuen Kategorie, die stark von Dr. Oetker dominiert wird, zu vermitteln. Dadurch würde unseren Studienergebnissen zufolge die Akzeptanz der Markendehnung deutlich erhöht.

Die Einführung von Subbrands
Porsche war gut beraten, Subbrands einzuführen, denn Synonym für Porsche war der 911, ein Mythos. Um die Akzeptanz der neuen Modelle zu erhöhen, war es deshalb wichtig, ihnen über die Porsche-Gene hinaus eine eigene Identität zu geben. Deshalb war es sinnvoll, den Boxster, Caymann, Cayenne und Panamera einzuführen, statt bei einer Zahlendeklination der neuen Modelle analog zum 911er zu bleiben.

Die Nutzung von Limited Editions
Kunden sind immer auf der Suche nach Neuem, nach Anregungen, nach Abwechslung. Diesem Bedürfnis kann man gerecht werden und die Grenzen der Marke erweitern,

indem man Limited Editions einführt. Durch das Knappheitsprinzip wird Begehrlichkeit ausgelöst, und weil es hier eine Begrenzung gibt, kann man sich weiter vom Markenkern entfernen und experimentieren, wie weit man gehen kann. Wir konnten belegen, dass dies dann eher akzeptiert wird, weil die Neugierde dominiert und man weiß, dass es sich nur um ein begrenztes Angebot handelt.

Die Wahl eines Partners im Rahmen einer Markenallianz
Wenn man in Gefahrenbereiche für eine Marke gelangt, weil die Passung eher mäßig ist, bietet sich ein Allianzpartner als Alternative an. Unsere Studienergebnisse zeigen deutlich, dass ein Allianzprodukt mit zwei sich ergänzenden starken Marken das Beste aus zwei Welten repräsentiert und somit auch besser beurteilt wird als bei einer Einzelmarkierung. Ein Reiskuchen aus Schokolade von Uncle Ben's und Milka würde von beiden Marken profitieren.

10. Wachstum zulasten der Marke führt zur Verwässerung des Images und kann tödlich sein.

Beim Markenwachstum gibt es nur eine harte Währung: die Identität der Marke. Diese gilt es zu hüten wie einen Schatz. Grenzüberschreitungen werden in aller Regel bestraft. Nach Jahren der erfolgreichen Markendehnung musste Nivea dies leidvoll erfahren. Die Dehnung in den Bereich der dekorativen Kosmetik war der Schritt in die Gefahrenzone. Dieser Schritt brachte mit sich, dass man sich zunehmend von den wichtigen Markensignalen, z. B. den Farben Blau und Weiß, aber auch vom Pflegeaspekt entfernte. Die Marke Nivea verlor ihr Gesicht. Gut ist, dass das Management inzwischen dieser Fehlentwicklung gegengesteuert hat und wieder konsequent auf den alten Erfolgskurs zurückkehrt. So diagnostiziert Beiersdorf-Chef Stefan Heidenreich: „Die Beständigkeit der Markenführung war

»Marken werden immer *von innen* zerstört.«

nicht gegeben", und stellt nun wieder die gelernten Markensignale in den Mittelpunkt. Auf jeder Flasche soll zukünftig ein dicker blauer Kreis mit weißem „Nivea"-Schriftzug zu sehen sein.

Aus dieser Geschichte einer großen deutschen Marke kann man viel lernen: Marken können sich nicht selbst treu bleiben, nur Manager können dies. Vielleicht ist dies der Grund, warum manche Marken erfolgreicher unterwegs sind als andere. Deshalb gilt auch: Marken werden immer von innen zerstört. Insofern sollten Manager ihre Marke als wichtigstes immaterielles Gut im Unternehmen hüten und pflegen und mit Augenmaß weiterentwickeln.

5. MARKE UND TESTIMONIAL

Menschen prägen Marken,
Marken prägen Menschen

Prof. Dr. Karsten Kilian

Marken lassen sich fast immer anhand menschlicher Eigenschaften charakterisieren. Vielfach wird ihnen sogar eine eigene Persönlichkeit zugesprochen, die vom Gründer oder einem für die Marke werbenden Prominenten abgeleitet ist und die der Marke in der Kundenwahrnehmung ein einprägsames Image verleiht. Menschen prägen Marken. Sie lassen Produkte und Dienstleistungen für andere Menschen attraktiv und anziehend erscheinen. Indem Kunden eine Marke nutzen, machen sie sich die Markenpersönlichkeit zu eigen, weshalb zugleich gilt: Marken prägen Menschen. Sie helfen ihnen, ihre tatsächliche oder angestrebte Persönlichkeit zum Ausdruck zu bringen: „Seht her, ich trinke Nespresso – genauso wie George Clooney". Grundsätzlich können Markenpersönlichkeiten auf zwei Arten entstehen: Eine Persönlichkeit wird zu einer Marke, wie es bei Virgin-Gründer Richard Branson, Staubsaugererfinder James Dyson und Modedesignerin Jil Sander der Fall war, oder eine zunächst profillose Marke erhält durch Testimonials mit der Zeit eine eigenständige Persönlichkeit. Bei ERGO direkt gibt seit April 2011 Vorstandschef Peter M. Endres der Marke ein Gesicht und erklärt, welche neuen Policen der Direktversicherer offeriert. Bei Alpecin erläutert seit 2007 Laborchef Dr. Adolf Klenk die besondere Wirkung des Shampoos, während bei Obi die Mitarbeiter seit 2008 zeigen, welche Produkte und Serviceleistungen Kunden in den Baumärkten erwarten dürfen. Punktuell kommen auch echte und gespielte Ratgeber oder Kunden zum Einsatz. Während jahrelang der selbstständige Waschmascheneninstallateur Dieter Bürgy aus Leimen die Verbraucher über „Lochfraß" aufklärte, macht „morgens um halb 10" eine Hausfrau und Mutter deutlich, warum Knoppers das ideale „Frühstückchen" ist. Allen genannten Beispielen gemeinsam ist, dass die Testimonials ganz gezielt ausgewählt werden, um der jeweiligen Marke Authentizität zu verleihen und sie ergänzend zu eigenen, direkten Eindrücken von dem Produkt bzw. der Dienstleistung zu charakterisieren. Nach mehrmaligem Sehen der Werbung hat man fast den Eindruck, die gezeigten Personen persönlich zu kennen.

Menschen prägen Marken und Marken prägen Menschen. Dabei gilt: Die Persönlichkeit macht den Unterschied!

Im Zeitverlauf lässt sich häufig eine Kombination beider Einflussgrößen beobachten. So verleiht häufig zunächst der Gründer seiner Geschäftsidee nicht nur seinen Vor- und/oder Zunamen, sondern auch seine Persönlichkeit. Nach dem Tod verblasst die Persönlichkeit des Gründers in der Kundenerinnerung meist schnell, weshalb Gründer häufig werblich „am Leben gehalten" werden, wie es zum Beispiel bei Gottlieb Daimler der Fall ist. Vielfach werden sie aber auch durch andere Markenrepräsentanten ergänzt bzw. ersetzt, um das Persönlichkeitsprofil der Marke aufrechtzuerhalten oder weiterzuentwickeln. Die Verknüpfung von Testimonials mit einer Marke kann mehr oder weniger

5. MARKE UND TESTIMONIAL

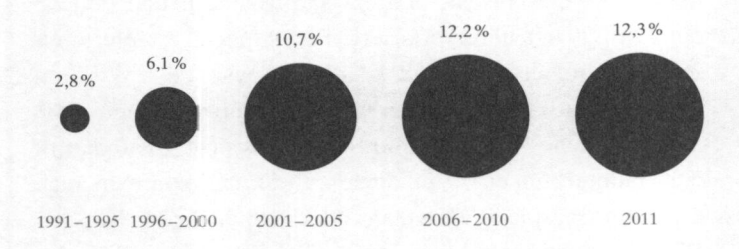

1991–1995	1996–2000	2001–2005	2006–2010	2011
2,8%	6,1%	10,7%	12,2%	12,3%

Abb. 1: Anteil prominenter Testimonials in TV-Werbespots seit 1991 (Angaben in %)
Quelle: IMAS International 2012

eng ausgestaltet werden. Während ein meist nur einmalig genutzter Eyecatcher eine beworbene Marke nicht oder nur in minimalem Umfang beeinflusst, kann ein Testimonial bei einer langfristigen Zusammenarbeit und entsprechender Attraktivität, Expertise oder Vertrauenswürdigkeit eine Marke nachhaltig prägen. Noch stärker ist der Effekt, wenn sich eine fiktive Figur oder eine real existierende Person im Markenlogo und/oder Markennamen wiederfindet, wie es bei Uncle Ben's der Fall ist. Virtuelle und reale Testimonials mit oder ohne Prominentenstatus können dabei als echte oder gespielte Experten, Mitarbeiter oder als stilisierte Kunden für die Marke eintreten und diese inhaltlich aufladen. Grundsätzlich sind sowohl „echte" Testimonials als auch Avatare und Charaktere oder Schauspieler denkbar (z.B. Prominenten-Doppelgänger). Zu den bekanntesten Testimonials zählen Thomas Gottschalk für Haribo und Dr. Best für die gleichnamige Zahnpasta. Zur besseren Systematisierung empfiehlt sich eine Unterteilung von Testimonials in Charaktere und Avatare, in unbekannte Darsteller und in prominente Markenrepräsentanten. Bei Charakteren und Avataren kann weiter zwischen Werbefiguren mit Marken- und Eigennamen unterschieden werden: Das Michelin-Männchen trägt den Namen Bibendum, während die Comicfigur von Salamander bis heute als Lurchi bekannt ist. Daneben können auch Fremdmarken mit der eigenen Marke in Verbindung gebracht werden, z.B. im Rahmen von Co-Promotions oder Lizenzgeschäften. Bei nicht oder kaum bekannten Darstellern kommen neben Personen mit Marken- oder Eigennamen häufig auch nicht näher bezeichnete Darsteller zum Einsatz. Man denke nur an die Knoppers-Hausfrau oder den agilen Mobilfunkverkäufer von Simyo. Bei Prominenten wiederum kann zwischen bekannten Gründern, Managern und unternehmensfremden Celebrities unterschieden werden.

Das Spektrum möglicher Markentestimonials reicht von prominenten Repräsentanten über unbekannte Darsteller bis zu Avataren und Charakteren.

Während der Anteil Prominenter in der TV-Werbung in der ersten Hälfte der 1990er-Jahre noch bei knapp 3 Prozent lag, hat er sich in der zweiten Hälfte der 1990er-Jahre bereits mehr als verdoppelt und liegt seit der Jahrtausendwende im Fünfjahresmittel bei über 10 Prozent. Im Jahr 2011 wurde in nahezu jedem achten TV-Werbespot ein Prominenter gezeigt (vgl. Abb. 1).

Die primäre Aufgabe bekannter Testimonials ist es, die Aufmerksamkeit des Medienpublikums zu wecken und zu bewahren, wie es in ähnlicher Weise durch auffällige Schlüsselreize wie Erotik oder Überraschung erreicht werden kann. Neben der hohen Bekanntheit ist es vor allem die mit ihnen und/oder ihrem öffentlichen Auftreten verbundene Emotionalität, z.B. bei der Ausübung ihres Berufs, die das Publikum aktiviert. Wie eine aktuelle Studie von MediaAnalyser (2012) zeigt, gefällt es 68 Prozent der Befragten, wenn Prominente Werbung machen. 49 Prozent sagen, dass Werbung mit Prominenten ihre Aufmerksamkeit weckt, und 83 Prozent sind der Auffassung,

5. MARKE UND TESTIMONIAL

dass Prominente in der Werbung auffällig sind. Gleichzeitig sind nur 37 Prozent der Befragten der Meinung, dass Prominente in der Werbung seriös wirken. Es ist deshalb von zentraler Bedeutung, möglichst glaubwürdige Testimonials ausfindig zu machen und möglichst langfristig und exklusiv an die Marke zu binden. Als Folge der Finanz- und Wirtschaftskrise suchen viele Kunden heute verstärkt Orientierung und Sicherheit. Adressieren lässt sich dieses Bedürfnis am ehesten durch eine zumindest medial vertraute Person.

12 %

aller TV-Werbespots
zeigen prominente Testimonials

Auch bewirken bekannte, fachlich kompetente und attraktive Testimonials eine erhöhte und länger anhaltende Zuwendung zur Marke und damit einhergehend eine bessere und umfassendere Markenerinnerung. Daneben untermauern glaubwürdige Testimonials häufig die Beweiskraft und bewirken Image- bzw. Persönlichkeitstransfereffekte auf die Marke, weshalb sie heute zum Standardrepertoire im Marketing gehören. Die auch Markenfürsprecher, Endorser, Präsenter oder Spokesperson genannten Testimonials sprechen sich meist explizit für eine Marke aus und bezeugen deren Leistungsfähigkeit. Sie bürgen für die Qualität, Güte, Nützlichkeit und Preiswürdigkeit der Marke. Je überzeugender sie dies tun, desto profilierter wird die beworbene Marke.

Testimonials bezeugen die Leistungsfähigkeit einer Marke und bürgen für ihre Qualität, Güte, Nützlichkeit und/oder Preiswürdigkeit.

Dass Testimonials vielfach einen merklichen Beitrag zum Markenerfolg leisten, zeigen die Ergebnisse einer aktuellen Metastudie von Schweiger und Schultz (2012, S. 43 ff.). Abweichend von der zuvor erläuterten Unterscheidung in prominente Repräsentanten, nichtprominente Darsteller und Charaktere unterscheiden die beiden Wissenschaftler zwischen prominenten Testimonials, Real-Life-Testimonials und Werbemitteln ohne Testimonials. Bei Real-Life-Testimonials handelt es sich um Privatpersonen bzw. Verbraucher oder um Experten, die meist möglichst authentisch gezeigt werden, damit ihre Empfehlung neutral erscheint und vertrauensvoll wirkt.

Wahrnehmung und Erinnerung	Werbemittel	Produkt	Marke
Prominente Testimonials	39 %	50 %	55 %
Real-Life-Testimonials	28 %	34 %	50 %
Keine Testimonials	28 %	32 %	27 %

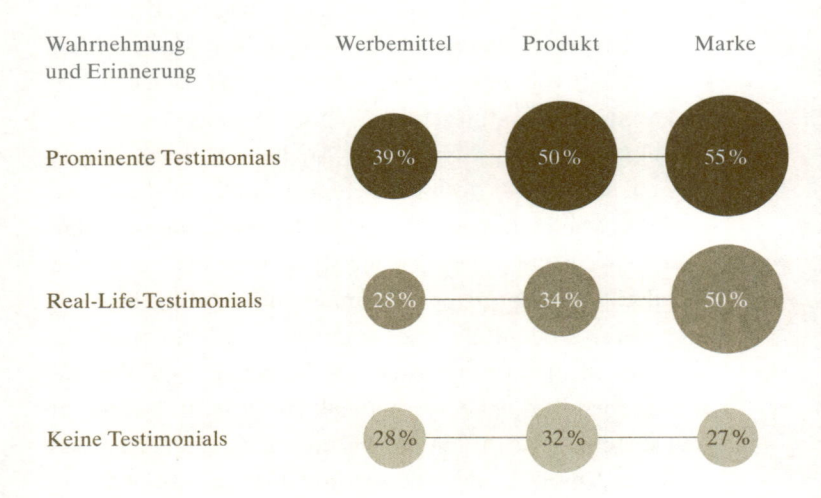

Abb. 2: Wirkung von Testimonials in der Werbung (Angaben in %)
Quelle: Schweiger/Schultz 2012, S. 44.

5. MARKE UND TESTIMONIAL

Die Ergebnisse in Abb. 2 machen deutlich, dass Prominente für eine höhere Aufmerksamkeit sorgen als nichtprominente Testimonials oder Werbung ohne Testimonials. Prominente gelten häufig als Sympathieträger und verfügen über ein klar definierbares Image. Dementsprechend liegen die Wahrnehmungs- und Erinnerungswerte für Werbemittel und Produkt deutlich über den beiden Vergleichswerten. Abweichend hiervon zeigen sich bei der Markenwahrnehmung und -erinnerung zwischen prominenten Testimonials und Testimonials des „realen Lebens" nur geringfügige Unterschiede, wohingegen der Abstand zu Werbung ohne Testimonials besonders deutlich ausfällt. Ein Grund für vergleichbare Werte bei prominenten und Alltags-Testimonials dürfte der Vampir-Effekt sein. Er besagt, dass aufmerksamkeitsstarke Werbebestandteile einen (Groß-)Teil der Aufmerksamkeit auf sich ziehen und dadurch die Markenwahrnehmung und -erinnerung schwächen. Dabei gilt: Die Ablenkungswirkung ist besonders groß, wenn ein aufmerksamkeitsstarker Reiz für die Markenbotschaft von untergeordneter Bedeutung oder gänzlich irrelevant ist. Dass dieser Effekt im Vergleich dazu beim Produkt selbst kaum erkennbar ist, könnte daran liegen, dass ein konkretes Produkt leichter erinnert wird als eine abstrakte Marke. Bei der Werbemittelbeurteilung wiederum zeigt sich ein nahezu gleich großer Unterschied zwischen den drei Werbeformaten. Während die positive Beurteilung von Werbemitteln mit prominenten Testimonials bei 74 Prozent liegt, erreichen Real-Life-Testimonials 62 Prozent und Werbemittel ohne Testimonials 52 Prozent. Vergleicht man verschiedene Prominentengruppen, so zeigt sich, dass vor allem Komiker und Moderatoren über eine ausgeprägte visuelle Bekanntheit verfügen, während bei Politikern und Führungskräften die Namensbekanntheit besonders ausgeprägt ist. Moderatoren und Sportler wiederum erreichen überdurchschnittliche Sympathieanmutungen (vgl. Abb. 3).

66% / 50% / 25%	Moderatoren
61% / 49% / 24%	Sportler
54% / 33% / 22%	Schauspieler
68% / 56% / 22%	Komiker
64% / 70% / 20%	
60% / 42% / 19%	Musiker

■ Visuelle Bekanntheit

■ Namensbekanntheit

■ Sympathieanmutung

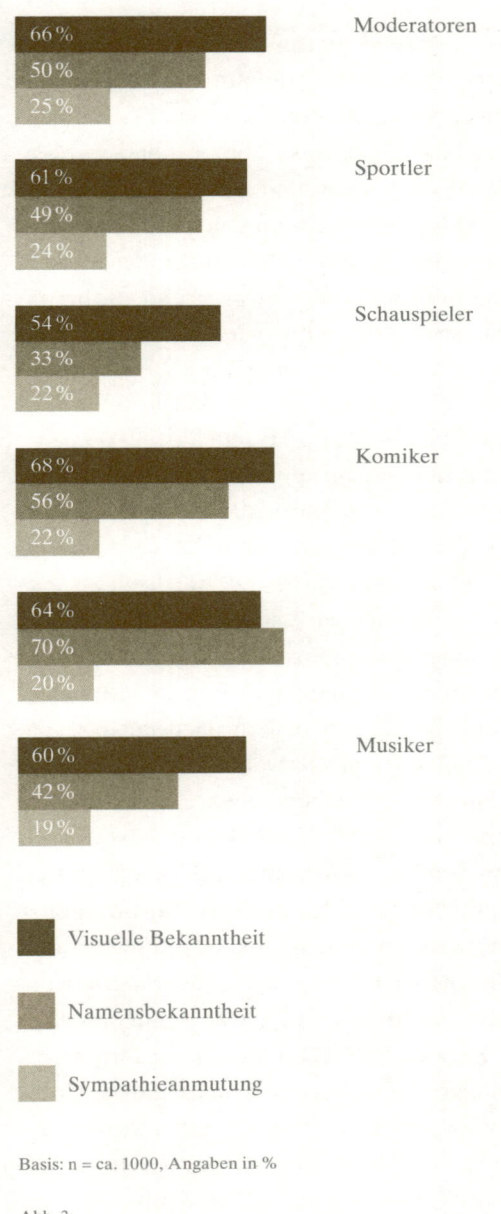

Basis: n = ca. 1000, Angaben in %

Abb. 3:
Bekanntheit und Beliebtheit
verschiedener Prominentengruppen
Quelle: IMAS International 2012

5. MARKE UND TESTIMONIAL

Stellt man ergänzend hierzu das Eigenschaftsprofil der verschiedenen Prominentengruppen einander gegenüber, so zeigt sich, dass Sportler vor allem „cool" sind, während Schauspieler häufig als „sexy" empfunden werden. Moderatoren wiederum werden häufig als humorvoll, modern, vertrauenswürdig und chic wahrgenommen, während Musiker häufig als Trendsetter gelten. Komiker werden demgegenüber, ihrem Berufsstand entsprechend, als besonders humorvoll eingeschätzt. Politiker und Führungskräfte schließlich schneiden bei vier von sieben untersuchten Eigenschaften am schwächsten ab, bei den übrigen drei Eigenschaften bewegen sie sich im Mittelfeld.

Für alle Prominentengruppen gilt: Omnipräsenz sollte möglichst vermieden werden, da die beworbenen Marken ansonsten Gefahr laufen, nicht mehr, wie gewünscht, aufzufallen bzw. mit anderen Marken verwechselt zu werden. Erfolgreich am werblichen Limit arbeiten seit vielen Jahren die beiden Spitzenboxer Wladimir und Vitali Klitschko. Ihre langjährige Medienpräsenz und ihr ungewöhnliches Persönlichkeitsprofil haben dazu beigetragen, dass die beiden Profiboxer mittlerweile selbst zur Marke geworden sind. Die beiden siebenfachen Boxweltmeister verfügen nicht nur über einen hohen Bekanntheitsgrad von 98 bzw. 99 Prozent, sondern verkörpern auch Eigenschaften wie Stärke, Disziplin und Erfolg genauso wie für Boxer eher untypische Werte, allen voran Ehrlichkeit, Intelligenz und Verantwortungsbewusstsein. Dementsprechend werben die beiden Weltklasseboxer für Marken, die zu ihnen und ihrer Sportart passen: Eunova Vitaminpillen, McFit Fitnessstudios, Anzüge von Hugo Boss, Ferrero Milchschnitte, Mobilat Muskel- und Gelenksalbe, Tempo Taschentücher und Alkoholfreies Bier. Die Markenwerte vitalisierend, erfrischend und isotonisch von Warsteiner Alkoholfrei passen nicht nur perfekt zur Ausdauersportart Boxen, sondern werden von den beiden Prominenten auch erinnerungsstark thematisiert. Während Wladimir Klitschko im aktuellen TV-Werbespot bequem in einem Ledersessel liest, trainiert sein Bruder im Hintergrund. Wladimir geht, nachdem er seinem Bruder kurz beim Seilhüpfen zugeschaut hat, zum Kühlschrank, holt sich eine Flasche Warsteiner und merkt dabei an: „Also für mich muss ein Alkoholfreies einfach gut schmecken!" Als er daraufhin Vitali fragt, was es für ihn sein müsse, antwortet dieser wortgewandt: „Na, vitalisierend!", und gönnt sich einen Schluck aus der Flasche, die sich sein Bruder eigentlich für sich selbst geholt hatte. Zu den Erfolgsgeheimnissen der Klitschkos gehört außer einem professionellen Management und ihrer perfekten Inszenierung in der Öffentlichkeit eine gute Geschichte, die sie für Marken besonders attraktiv macht. Neben ihrer Herkunft aus einfachen Verhältnissen in der Ukraine zählt dazu ein insbesondere für Boxsportler außergewöhnlich hohes Bildungsniveau. Beide sprechen vier Sprachen und haben im Bereich Sportwissenschaften promoviert. Der langjährige Erfolg der beiden Spitzensportler im Ring und ihre regelmäßige, positive Medienpräsenz passen in die heutige Zeit, in der sich viele Menschen nach Vertrauen und Stärke sehnen, bei gleichzeitiger Sehnsucht nach Werten wie Hilfsbereitschaft, Nachdenklichkeit und Mäßigung. Dementsprechend sind auch 65 Prozent der deutschen Fernsehzuschauer von den Klitschkos fasziniert. Sie sind damit hochattraktiv für Marken, die genau diese Art der Kundenerwartung werblich adressieren möchten. Ähnliches gilt auch für andere Testimonials: Mit einem passenden Markenfürsprecher lässt der durchschlagende Marken- und Markterfolg meist nicht lange auf sich warten.

6. MARKE UND GLOBALISIERUNG

*Was die Welt zusammenhält:
Die Marke als globales Erlebnis*

Dr. Antonella Mei-Pochtler

Vor knapp drei Jahrzehnten, im Mai 1983, erschien in der Harvard Business Review ein Artikel, der die wirtschaftliche und politische Entwicklung auf einen einzigen Begriff brachte: Globalisierung. Theodore Levitt, Professor an der Harvard Business School, beschrieb in „The Globalization of Markets" die wachsende Verflechtung der Weltmärkte, die zu weltweiter Arbeitsteilung und weltweitem Wettbewerb – und damit zur unaufhaltsamen Expansion von Marken zu Weltmarken – führen würde. Bis heute gilt Levitt als Pionier, der in den frühen 1960er-Jahren als einer der Ersten auf die unterschätzte Rolle von Marken und Markenmanagement für den Geschäftserfolg hinwies.

In der Globalisierung folgte der Euphorie und der Vision vom „Global Village" schon bald die Ernüchterung. Zehn Jahre nach Levitt beklagte der US-Soziologe George Ritzer die zunehmende „McDonaldisierung" der Gesellschaft als einen Prozess, der die großen Werte der modernen westlichen Industriegesellschaften in die Merkmale einer Fast-Food-Kette – Effizienz, Berechenbarkeit und Kontrolle – verwandelte. Sechs Jahre später zeichnete

Naomi Klein in ihrem Bestseller „No Logo!" ein düsteres Bild der Globalisierung am Beispiel großer Markenunternehmen. Während sich Nike und Adidas aus der Produktion zurückziehen und mit neuen Formen des Sponsorings und Event- und Celebrity-Marketings die Leuchtkraft ihrer Marken stärken, schuften in den „Sweatshops" ihrer asiatischen Vertragspartner blutjunge Arbeiterinnen und Arbeiter unter Bedingungen, die dunkle Schatten auf die glänzenden Marken werfen.

Heute hat sich „die" Globalisierung aufgelöst in ein Nebeneinander von globaler Vernetzung und lokalen Unterschieden, in ein Pluriversum von Konsummustern, Kulturen und Lebensstilen. In der neuen Normalität der Globalisierung sind es vor allem die Unwägbarkeiten und Umbrüche, die unvorhersehbaren Einschnitte – wie 9/11, die Finanzkrise und Fukushima – und die unendliche kommunikative Vernetzung, die das Gemeinsame der globalen Welt charakterisieren. Das ist für die Marke eine gute und eine schlechte Nachricht.

1. Von West nach Ost: Weltmarken und Machtverschiebungen

Lange kannte die Globalisierung nur eine Richtung; der Siegeszug westlicher Markenhersteller in die Schwellenländer schien unaufhaltsam. Ob in Brasilien, Russland, Indien oder China, den sogenannten BRIC-Staaten, stets war der Aufstieg dieser Volkswirtschaften begleitet vom Siegeszug der großen Marken-Ikonen des Westens wie Coca-Cola, Nescafé, Nivea und Danone. Levitt hatte also recht mit seiner Prognose, dass im Zuge der Globalisierung Unternehmen ihre Produkte und Dienstleistungen überall auf der Welt anbieten und dadurch globale Marken entstehen würden. Allerdings gilt dies im vollen Sinne nur für wenige, wahrhaft globale Marken wie Apple, IBM oder Coca-Cola.

6. MARKE UND GLOBALISIERUNG

»Die *Globalisierung* hat die regionalen, nationalen und kulturellen *Unterschiede* keineswegs (ver-)schwinden lassen.«

Die weiter reichende Annahme jener Zeit, dass es „bald keine nationalen Produkte und Technologien, keine nationalen Unternehmen, keine nationalen Industrien" mehr geben würde, wie es etwa der US-Ökonom Robert Reich vorhersagte, hat sich dagegen nicht bestätigt: Die Globalisierung hat die regionalen, nationalen und kulturellen Unterschiede keineswegs (ver-)schwinden lassen. Und der Siegeszug hat die Richtung gewechselt: Zunehmend verlieren die westlichen Weltmarktführer Marktanteile an die neuen Herausforderer in den Wachstumsregionen der Welt. Diese wachsen deutlich schneller als ihre westlichen Vorbilder. Allein in den Jahren von 2006 bis 2012 legten die 50 größten westlichen Konsumgüterkonzerne in den BRIC-Staaten 13,1 Prozent zu; ihre wichtigsten lokalen Wettbewerber schafften ein Wachstum von 18,4 Prozent. Inzwischen etablieren sich neue Weltmarktführer – und expandieren mit ihren Marken in die westlichen Märkte.

Mit den aufstrebenden Wirtschaftsregionen rückt die nächste Milliarde Konsumenten in den Fokus, allen voran Russland und China. Die Finanzkrise hat die Entwicklung hin zu einer „Welt der zwei Geschwindigkeiten" verstärkt, in der ein verlangsamtes Wachstum in den reifen Märkten einem beschleunigten Wachstum in den aufstrebenden Wirtschaftsregionen gegenübersteht. Beispiel Brasilien und Bier: Der brasilianische Marktführer AmBev hat seinen Vorsprung gegenüber westlichen Konkurrenten wie Heineken, SABMiller oder Carlsberg immer weiter ausgebaut und greift die Wettbewerber auch in deren Heimatmärkten an: AmBev fusionierte zunächst mit dem europäischen Champion InBev, dann mit dem US-Giganten Anheuser-Busch. Binnen kurzer Zeit ist in Brasilien eine ganze Reihe neuer Weltmarktführer in der Konsumgüterindustrie entstanden, darunter der größte Fleischkonzern der Welt, JBS, und der Lebensmittel- und Kosmetikhersteller Hypermarcas. Eine ähnliche Entwicklung ist in China und Indien zu beobachten. Dort halten die einheimischen Softdrink-Hersteller Wahaha und Tingyi zusammen heute 17 Prozent der Marktanteile – und haben damit Coca-Cola überholt.

Die Globalisierung hält ihr Versprechen, dass grenzenlose Märkte ebenso grenzenlose Wachstumschancen eröffnen. Doch diese Chancen werden nicht das Privileg der westlichen Marken sein. Wer die nächste Milliarde Konsumenten für sich und seine Marke gewinnen will, muss einen schwierigen Balanceakt bewältigen: zwischen dem Erhalt der in den Heimatmärkten geprägten und gewachsenen Markenidentität auf der einen Seite und ihrer lokalen Anpassung auf der anderen Seite, ohne dass die Marke in zu vielen Gesichtern verschwindet – oder die Anpassung an lokale Verhältnisse so weit geht, dass sie die Marke in den Heimatmärkten beschädigt. Als Google, heute eine der wertvollsten globalen Marken, sich die Erschließung des chinesischen Marktes mit (zu) weitgehenden Zugeständnissen an die chinesischen Zensurbehörden erkaufte, wurde das Unternehmen zur Zielscheibe der Kritik und löste einen („Shit"-)Sturm der Entrüstung in den westlichen Ländern aus. Die Besonderheiten der lokalen Märkte, Zielgruppen und Mentalitäten zu erkunden und in die Markenstrategie einzubinden ist eine Grundvoraussetzung für den Erfolg – die Marke an diese Gegebenheiten anzupassen eine Kunst.

2. Vom Monolog zum Multichannel-Dialog: Markenkommunikation im globalen Netz

Das globale Zeitalter ist entstanden und wird getragen von der fortschreitenden elektronischen Vernetzung, die – anywhere, anytime – einen globalen Markt schafft. Schon wenige Zahlen zeigen, dass die digitale Zukunft die Realität für Unternehmen und Gesellschaften bestimmt: Bis zum Jahr 2016 wird fast die Hälfte der Erdbevölkerung – rund drei Milliarden Menschen – das Internet nutzen. Allein in den 20 größten Wirtschaftsnationen wird das Volumen des E-Commerce auf 4,2 Milliarden Dollar wachsen: Wäre das Netz eine Wirtschaftsmacht, dann zählte es nach den USA, China, Japan und Indien (und vor Deutschland) zu den fünf größten der Welt. Schon heute sind 80 Prozent der Nutzer, sowohl in den westlichen Ländern als auch in den Wachstumsregionen, in sozialen Netzwerken miteinander verbunden. In nur wenigen Jahren werden es vor allem mobile Endgeräte wie Smartphones und Tablets sein, die ihnen jederzeit, an jedem Ort das Netz zur Verfügung stellen – bis auf 80 Prozent wird ihr Anteil bis 2016 steigen.

Bis vor wenigen Jahren bestimmte Exklusivität als zentraler Wert von Premiummarken auch die Kommunikationsstrategie: als Monolog. Nur zögernd haben viele Unternehmen der Branche die Online-Welt für sich entdeckt. Doch das Diktat handverlesener Multiplikatoren ist Geschichte, seit die neuen Medien dem Konsumenten die Mittel in die Hand geben, die Distanz zu verringern und mitzureden. Heute sitzen Mode-Bloggerinnen wie Tavi Gevinson neben den Chefredakteurinnen von Vogue und Cosmopolitan in der ersten Reihe und posten ihre Kommentare in Echtzeit an ein Millionenpublikum. Auch den Markenunternehmen bleibt keine andere Wahl, als die Kommunikation mit ihren Kunden durch die neuen Medien und Social Networks zu führen. Dem entspricht eine Verschiebung von klassischen Push- hin zu Pull-Strategien in der Kommunikation, die Konsumenten aktiv einbinden und Spielräume zur Mitgestaltung eröffnen.

Marken, die in diesen globalen Communities und weltumspannenden Netzwerken florieren wollen, müssen eine individuelle und identifizierbare Kultur pflegen und zur Bildung von Gemeinschaften beitragen. Markenmanagement wird damit zu einer kulturellen Leistung, zu einer kontinuierlichen Kommunikationsaufgabe in der Network-Economy mit ihren wechselnden Beziehungsgeflechten von Konsumenten, Produzenten und Kooperationspartnern. Dabei geht es nicht mehr um vordergründig soziale Kampagnen, sondern um Authentizität und Inspiration. Konsumenten weltweit suchen Produkte, die nicht nur Identität und Verbindung in individuellen Bezugsgruppen ermöglichen, sondern die auch Inspiration und – im weitesten Sinne – Sinn vermitteln.

3. *Von Identität zu Inspiration: Kulturwandel und Markenkult*

Eine dritte Verschiebung schließlich findet ihren Ausdruck im Wandel der Marke vom identitäts- zum gemeinschafts- bis hin zum sinnstiftenden Medium. Mit der Vervielfältigung von Gesellschafts- und Lebensmodellen in einem endlosen Strom simultaner, weltumspannender Kommunikation wächst das Bedürfnis nach Stabilität, Sinn und „Wir-Gefühl" – und in diesem Wertewandel wandelt sich die Bedeutung der Marke. Dank Globalisierung gelangen immer mehr Menschen zu Wohlstand, darunter ein wachsender Teil der 142 Millionen Russen und 1,3 Milliarden Chinesen: Erst jetzt entsteht in vielen Regionen eine Mittelschicht, in deren Kaufentscheidungen neben Nutzenaspekten verstärkt identitäts-, gemeinschafts- und sinnstiftende (Marken-)Merkmale einfließen. Grenzüber-

6. MARKE UND GLOBALISIERUNG

schreitend bilden sich neue Konsummuster, in die neben soziodemografischen Merkmalen lokal unterschiedliche kulturelle Werte Eingang finden.

Erst in den 1990er-Jahren mutierten Marken zu Stars, die immer mehr öffentlichen Raum einnahmen und einen kulturellen Status erwarben – Nike ist weltweit bekannter als mancher Sportler, den das Unternehmen sponsert. Mit der Expansion in den öffentlichen Raum verbindet sich die Marke zunehmend mit moralischen Werten. Zwar war Wirtschaft noch nie ein wertefreier Raum, doch dank der technischen Revolutionen – wesentliche Treiber der Globalisierung ab deren Beginn – hat die Transparenz des Handelns im Web 2.0 eine ungeahnte Dimension erreicht. Es erfordert kaum noch Anstrengungen, einen Skandal aufzudecken, wenn direkt vor Ort via Smartphone-Cam dokumentiert und via YouTube die Weltöffentlichkeit darüber informiert werden kann, ob sich ein Unternehmen in jedem Winkel der Erde seinen Wertmaßstäben entsprechend verhält oder ob das nicht der Fall ist, unter welchen Bedingungen es Produkte herstellt, ob Image und Wirklichkeit zusammenpassen. Auch haben die meisten Unternehmen inzwischen verinnerlicht, dass die Triple-Bottom-Line („doing well by doing good") ein strategischer Erfolgsfaktor ist, und soziale Verantwortung aus der Gutmenschen-Nische befreit und in ihre Geschäftsprozesse integriert. Doch erst wenige gehen noch einen Schritt weiter und definieren ihre Markenstrategie unter Sinn-Gesichtspunkten, die über materielle Bedürfnisse und Selbstverwirklichung hinausweisen.

Galten in den Jahrzehnten des schnellen Reichtums, den „Roaring 80s", bis über die 1990er-Jahre hinaus vor allem Statussymbole und ostentativer Konsum als Merkmale des Luxusgütermarkts, so hat die Ernüchterung der Wirtschaftskrise die Rückkehr zu Werten wie Qualität, Stabilität und Spiritualität gefördert. Plakativ formuliert: Bling-Bling ist out, „wahre Werte" sind in. Damit einher geht die Verschiebung von „Conspicuous Consumption" zu „Conscious Consumption", zu verantwortungsvollem Konsum.

Diese Dimensionen der Marke gewinnen vor dem Hintergrund der globalen Ereignisse – von der Eurokrise bis zum Arabischen Frühling und „Occupy Wall Street" –, die mit einem Autoritäts- und Vertrauensverlust der traditionellen Institutionen und einer moralischen Krise einhergehen, weiter an Bedeutung. Konsumenten und Bürger erwarten „mehr" von der Wirtschaft, nicht mehr nur im Sinne von praktizierter Umwelt- und Sozialverantwortung, von „guten", „grünen", „fairen" Produkten; sie erwarten eine „Raison d'Être" von Unternehmen, eine „Moral von der Geschichte", die ein Umdenken erfordert: Was ist, wenn der Sinn des Wirtschaftens in der Sinnstiftung liegt? Marken bilden dann nicht mehr nur einen moralischen Kompass für Konsumbürger und schaffen Orientierung – sie begründen Sinn und Gemeinschaft.

Weltweit bekanntestes Beispiel ist der iKult um die inzwischen wertvollste Marke der Welt – Apple. Für die Dokumentation „Secrets of the Superbrands" hat die BBC untersucht, was es mit der Bindung von Menschen an bestimmte Marken auf sich hat. In einem Experiment beobachteten Hirnforscher, dass die Apple-Produkte dieselben Hirnregionen stimulierten, die auch bei Gläubigen beim Betrachten religiöser Symbole reagieren, und interpretierten dies als Hinweis darauf, dass die großen Marken dieselben Gehirnregionen ansprechen, die auch für religiöse Empfindungen zuständig sind. Andere Untersuchungen kommen zu ähnlichen Ergebnissen. So hat der dänische Markenberater Martin Lindstrøm Gehirnscans von 2.000 Probanden aus fünf Ländern mit einem hochauflösenden MRT-Verfahren angefertigt und die Ähnlichkeiten zwischen den Merkmalen der Weltreligionen und dem Kern von Konsummarken identifiziert. Dazu zählen Symbole,

6. MARKE UND GLOBALISIERUNG

»*Marken verkaufen* nicht nur ein Produkt, sondern *eine Welt*.«

Geheimnisse, Rituale und die Kultivierung einer Gemeinschaft. Glaube bedeutet vor allem eines: Gewissheit, Befreiung von Zweifeln und Ängsten. Gewissheit erweitert damit die einstige Orientierungsfunktion der Marke. Marken verkaufen nicht nur ein Produkt, sondern eine Welt.

4. Was die Welt zusammenhält ...: Die Marke als globales Erlebnis

Die Verschiebungen, die die „neue Realität" markieren, tragen dazu bei, dass die Grenzen verschwimmen und die Marken sich gegen viele Herausforderungen behaupten müssen. Sie betreffen jeden Aspekt des traditionellen Geschäftsmodells: die Verbindung der Werte alter und neuer Zielgruppen, die Expansion in neue, schnell wachsende Märkte, ohne die Kernmärkte zu vernachlässigen, den Anspruch auf Exklusivität in einer Welt egalisierender Kommunikationskanäle sowie die Kontrolle von Vertriebskanälen bei gleichzeitiger Öffnung für neue Kundenschichten. Dreh- und Angelpunkt für die schwierigen Balanceakte bleibt die Stärkung der Marke, in der sich Einzigartigkeit und Stabilität mit Erneuerung und Veränderung verbinden.

So eng die Themen Globalisierung und Marke von Beginn an miteinander verknüpft sind, so erkennbar spiegeln sich im Verhältnis von Globalisierung und Marke die

Herausforderungen, die mit der Entgrenzung von Märkten einhergehen. An der Rolle der Marke in der globalisierten Welt werden die veränderten Kräfteverhältnisse in der Weltwirtschaft, die Folgen der Kommunikationsrevolution und die veränderten Konsumentenbedürfnisse sichtbar, die sich im globalen Markt verknüpfen. An den Widersprüchen der Globalisierung – die von Euphorie zu Ernüchterung durch Krisen und Kehrtwenden fortschreitet – erweist sich, dass Theodore Levitts Prophezeiung weitsichtig war: Mehr als je zuvor werden Marken und Markenmanagement den Geschäftserfolg in der globalisierten Welt treiben.

7. MARKE UND VERPACKUNG

*Kleider machen Leute –
Verpackungen machen Marken*

Prof. Dr. Frank Ohle

Was wären Marken ohne Verpackungen: eine weiße Creme, eine braune Flüssigkeit oder weiße Kügelchen? Wie kein anderes Medium prägt die Verpackung das Bild der Marke im Kopf und Herzen der Shopper, Käufer und Konsumenten. Ob Coca-Cola, Nivea, Persil, Langnese, Whiskas oder Kärcher: Wenn Verbraucher an Marken denken, haben sie häufig zuerst das Bild der Verpackung mit Markenlogo in Form und Farbe vor Augen, erst danach kommt der Inhalt, das eigentliche Produkt. Hinzu kommt, dass die Verpackung in vielen Fällen der erste Kontaktpunkt mit dem potenziellen Käufer ist – egal ob im Supermarkt, Feinkostladen, beim Discounter, in den Kaufhäusern, im Bau- oder Heimtiermarkt, in der Apotheke oder im Onlineshop. Die ersten sieben Sekunden entscheiden bei der Begegnung von Menschen über Sympathie oder Antipathie – so wissenschaftliche Erkenntnisse aus der Psychologie. Am Point of Sale (POS), wo sich Shopper und Produkt begegnen, ist diese Zeitspanne sogar noch deutlich geringer. Ob der Shopper zugreift und zum Käufer wird oder weitergeht, hängt dabei nicht nur von Image, Produktnutzen oder

Wenn Sie jetzt an die eben genannte Marke denken, wie eindeutig und klar ist dann in Ihrer Erinnerung ...

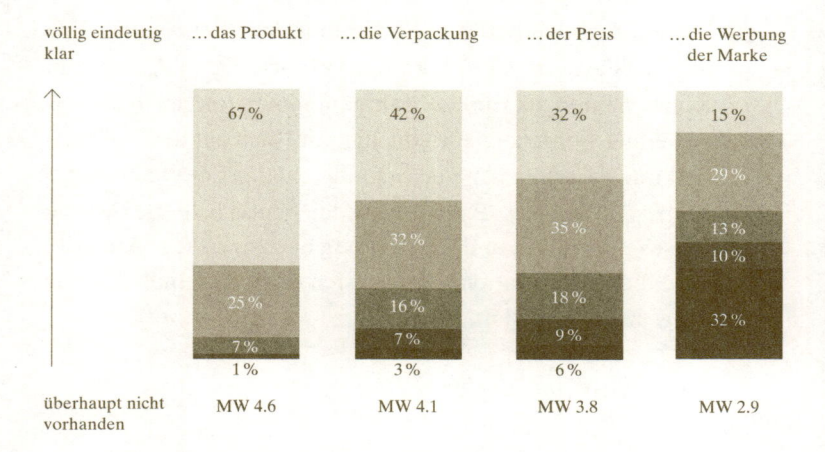

völlig eindeutig klar	... das Produkt	... die Verpackung	... der Preis	... die Werbung der Marke
	67 %	42 %	32 %	15 %
				29 %
		32 %	35 %	13 %
				10 %
	25 %	16 %	18 %	
	7 %	7 %	9 %	32 %
	1 %	3 %	6 %	
überhaupt nicht vorhanden	MW 4.6	MW 4.1	MW 3.8	MW 2.9

MW= Mittelwert aus allen Bewertungen von 1 (überhaupt nicht wichtig) bis 5 (sehr wichtig)

Quelle: FFI Shopper-Studie 2011

Ausstattung, sondern in erster Linie vom „Outfit", der Verpackung, ab. So, wie Kleider bekanntlich Leute machen, machen Verpackungen aus Produkten Marken. Anders ausgedrückt: Verpackungen sind die Botschafter der Marken. Die Bedeutung der Verpackung als Marketing-Medium gewinnt mit Blick auf die Tatsache, dass bis zu 75 Prozent aller Kaufentscheidungen erst am POS, d. h. am Regal oder am Display, getroffen werden, zusätzlich an Relevanz. Hierzu zählen sowohl die Impulskäufe, die im Handel erst durch eine Verkaufsförderungskampagne oder eine attraktive Verpackungsgestaltung generiert werden, als auch diejenigen Käufe, bei denen beim Betreten der Einkaufsstätte zwar die zu erwerbende Warengruppe (z. B. Zahncreme), nicht jedoch die Marke (z. B. Colgate) feststeht. Dies unterstreicht auch die Studie „Shopper 2011", die im Auftrag des Fachverbands Faltschachtel-Industrie e.V. (FFI) von der

7. MARKE UND VERPACKUNG

K&A BrandResearch durchgeführt wurde: Quantitative Face-to-Face-Befragungen von haushaltsführenden Personen (75 Prozent Frauen, 25 Prozent Männer) lieferten 750 Urteile zur Analyse der Bedeutung der Verpackung. Die Studie belegt, dass Produkt und Verpackung im Alltag vom Konsumenten als Einheit wahrgenommen und auch als solche erlebt werden. Die Studie hat mit Blick auf die Wechselwirkung zwischen der Verpackung und den „4Ps" (Produkt, Preis, Platzierung, Promotion) die deutlichste Beziehung zwischen Produkt und Verpackung nachgewiesen. Am POS wird diese Korrelation am stärksten erinnert – mehr als der Preis und die Werbung.

Liebe auf den ersten Blick

Die Verpackung wirkt ikonographisch und nachhaltig, denn sie bildet über Formgebung (Shape), Farb- und Markencodes sowie weitere Designelemente die Handschrift einer Marke. Sie hilft dem Verbraucher, Produkte im POS-Dschungel schnell wiederzuerkennen beziehungsweise neue Produkte einzuordnen und zu bewerten. Der Handel ist dabei die Kontaktbörse, die Angebot und Nachfrage an einem Punkt zusammenführt und damit das Rendezvous, d. h. das Zugreifen, erst möglich macht.

Vom Neben- zum Hauptdarsteller

Diese Erkenntnis haben wir nicht erst Steve Jobs zu verdanken – aber er hat sie sicherlich perfektioniert. Wie aus dem Buch „Inside Apple" bekannt wurde, haben Jobs und Jonathan Ive bei der Entwicklung neuer Apple-Produkte großen Wert auf die perfekte Verpackung gelegt. Für den designfanatischen Apple-Gründer war die Verpackung in der Dramaturgie seiner Produktpräsentation nicht ein Neben-, sondern ein Hauptdarsteller. Laut „Inside Apple" wurden für die Markteinführung des iPod Nano über 100 verschiedene Varianten der Verpackung angefertigt, bis eine den kritischen Augen und Händen von Steve Jobs und Jonathan Ive genügte. Ein hoher Anspruch, den jedoch eine treue Fangemeinde honoriert. Die Verpackung stellt als Touchpoint der Marke mit dem Shopper ein Leistungsversprechen dar, das zu Positionierung und Produktpreis passen muss. Das Produkt muss halten, was die Verpackung verspricht – und umgekehrt.

Multisensorisches Verpackungsdesign

Die Tatsache, dass Jobs und Ive die Verpackung nicht nur in Bezug auf ihre Optik, sondern auch nach ihrer Haptik beurteilten, zeigt, dass ganzheitliches Verpackungsdesign alle Sinneskanäle berücksichtigen sollte. 83 Prozent aller Werbeinformationen zielen allerdings nur auf einen einzigen unserer Sinne – das Auge. Die Marktforschungsspezialisten von Millward Brown (WPP-Holding) fanden bei der bisher umfangreichsten Studie über den Einfluss unserer Sinne auf die Markenbildung heraus: Wenn sich Konsumenten an mehrere Sinneseindrücke eines Produkts erinnern können, liegt die Marken- beziehungsweise Produktloyalität bei 60 Prozent. Ist es nur ein Sinneseindruck, liegt die Treue zu Marke und Produkt unter 30 Prozent. In seinem Bestseller „Brand Sense" beschreibt Marketingexperte Martin Lindstrøm, wie Hersteller dieses Potenzial für sich nutzen können, um ihr „2-D-Branding" zu einem „5-D-Branding" auszuweiten. Dass dies möglich ist und auch funktioniert,

Der Einfluss der Sinne auf die Kaufentscheidung, Rangliste der Sinneswahrnehmungen:

Sehen
58 Prozent

Riechen
45 Prozent

Hören
41 Prozent

Schmecken
31 Prozent

Fühlen
25 Prozent

Quelle: Martin Lindstrøm

60 %

beträgt die Produkt- bzw. Markenloyalität, wenn sich ein
Konsument an mehrere Sinneseindrücke erinnert.

haben Singapore Airlines, Kellogg und Starbucks bewiesen: Sie setzen auf eine multisensorische Strategie der Kundenansprache und -bindung und machen ihre Marke mit mehreren Sinnen erlebbar. Die Verpackung und auch die POS-Präsentation sind Medien, die eine Ansprache mehrerer Sinneskanäle möglich machen.

Die Verpackung ist der Meister der Werbekontakte – in den Märkten und zu Hause.

Doch die Verpackung wirkt nicht nur am POS. Beim Öffnen des Kühlschranks, im Küchenschrank, Vorratsraum, am Frühstückstisch, auf dem Geschenketisch einer Party oder unter dem Weihnachtsbaum – mit keinem anderen Marken-Medium kommt der Verbraucher so oft in Kontakt wie mit der Verpackung. Die Verpackung weist häufig viel höhere Kontaktquoten auf als klassische Medien wie Print oder TV. Sie ist zudem das einzige Medium, das der Konsument im wahrsten Sinne des Wortes „begreifen" kann, denn Verpackung ist „Werbung zum Anfassen", ein Touchpoint, der seinem Namen alle Ehre macht.

Wie wichtig das Auspackerlebnis für Marken werden kann, zeigt die zunehmende Anzahl von „Unboxing"-Videos, die auf Online-Kanälen wie YouTube zu finden ist. Privatpersonen filmen dabei ihre Erlebnisse beim Öffnen einer Packung und kommentieren diese für alle Welt sichtbar. Unter dem Stichwort „Frustfreie Verpackung" fordert

Amazon sogar seine Kunden auf, die Verpackung von Produkten zu beurteilen und damit zu einer Verbesserung des Auspackerlebnisses beizutragen. „Die Amazon ‚Frustfreie Verpackung' ist wiederverwertbar und frei von überflüssigem Packmaterial wie Hartplastikschalen, Kunststoff- oder Drahtbindern. Sie ist so durchdacht, dass man sie auch ohne Hilfe von Messern oder Teppichmessern öffnen kann", heißt es dazu auf der Website des Online-Händlers.

„Nachhaltigkeit" ist zum Schlagwort für eine ganze Generation geworden. Konsumenten erwarten von Industrie und Handel den verantwortungsvollen Umgang mit natürlichen Ressourcen, um Wohlstand und Wirtschaftswachstum nicht auf Kosten nachfolgender Generationen auszutragen. Die Nachfrage nach Natürlichkeit boomt, der Handel hat sich mit seiner Verantwortung dem Konsumenten gegenüber darauf eingestellt und auch in der POS-Kommunikation hat das Thema Einzug gehalten. Durch den Einsatz von FSC-zertifiziertem Karton und Papier können Unternehmen ihr ökologisches Engagement für das Naturprodukt Holz aus nachhaltiger Forstwirtschaft unter Beweis stellen.

Einflussfaktoren der Verpackungsgestaltung

Die Verpackung alleine auf die optische und damit ihre Marketing-Funktion zu reduzieren, wäre jedoch falsch. Ist die erste „Hürde" genommen und der Verbraucher hält die Verpackung in der Hand, zählt für ihn ein einfaches Handling sowie die Forderung, dass sich das Produkt in einem einwandfreien Zustand befindet.

Doch nicht alleine der Verbraucher, auch der Handel und die Markenartikler haben unterschiedliche Anforderungen und Wünsche an die Verpackung, die es abzuwägen und in die Entwicklung zu integrieren gilt. Und nicht zuletzt greift der Gesetzgeber mit Normierungen, Regelungen und Gesetzen in die Verpackungsgestaltung ein.

7. MARKE UND VERPACKUNG

Verpackungen liefern „Return on Investment"!

Eine ganzheitliche Verpackungsentwicklung berücksichtigt die Wünsche und Anforderungen von Hersteller, Handel, Konsument und Gesetzgeber gleichermaßen. Der Grundnutzen von Verpackungen umfasst Elemente wie Schutz, Stabilität und Sicherheit. Ist der Grundnutzen gewährleistet, kommt der Zusatznutzen ins Spiel: Haltbarkeit, Wiederverschließbarkeit oder auch eine gute Rest-Entleerbarkeit werden unter dieser Überschrift subsumiert. Viele der heute im Handel angebotenen Produkte werden erst durch die Art der Verpackung zu Convenience-Produkten. So erleichtern Backformen aus Karton für Muffins die Zubereitung für den Verbraucher, Squeeze-Flaschen die Dosierung von Honig oder Ketchup oder aber Bag-in-Box-Lösungen die einfache Entnahme und längere Haltbarkeit von Wein, Säften oder gar Olivenöl.

Die Optimierung der Supply-Chain, d.h. des Prozesses von der Verpackungsentstehung bis hin zur Entsorgung, sowie die Berücksichtigung von Logistikstandards und Handelsanforderungen finden in der nächsten Entwicklungsstufe, der Logistik, Berücksichtigung. Die optimale Palettenausnutzung spielt dabei ebenso eine Rolle wie die einfache Platzierung der Regalverpackung im Handel. Sind alle diese Anforderungen erfüllt, geht das Verpackungsdesign in die nächste Stufe über, in der die emotionalen Faktoren greifen. So bieten ein zielgruppenspezifisches Design oder der Einsatz nachhaltiger Rohstoffe Herstellern vielfältige Profilierungsmöglichkeiten. Faktoren wie POS-Visibilität, Zweitplatzierungen oder intelligente Verpackungen sorgen für Emotionalität. Innerhalb der letzten Jahre wurde das Verpackungsdesign um eine neue Dimension erweitert: Interaktivität. Sei es, dass Hersteller ihre Zielgruppe mit Unterstützung sozialer Netzwerke dazu einladen, das Packungsdesign selbst zu übernehmen, oder

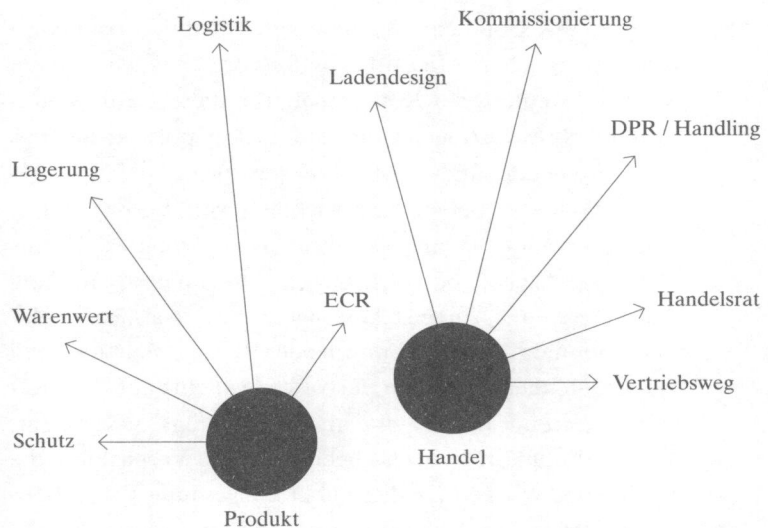

Produkt: Logistik, Lagerung, Warenwert, Schutz, ECR

Handel: Ladendesign, Kommissionierung, DPR / Handling, Handelsrat, Vertriebsweg

Einflüsse auf die Verpackung
Quelle: STI Group

Gesetzgeber: Werbung, Ökologie, Transport, Entsorgung, Information, Gesetzgebung

Verbraucher: Convenience, Zusatznutzen, Zielgruppe, Zeitgeist

7. MARKE UND VERPACKUNG

aber via QR-Code eine Verlinkung zu mobilen Applikationen ermöglichen. Mit Hilfe von Smartphones erhalten die Shopper, Käufer oder Konsumenten in diesem Fall weiterführende Informationen zum Produkt, Coupons, kostenlose Klingeltöne oder andere Mehrwertleistungen.

Während bei der Entwicklung von Verpackungen häufig auf Kunden- und Lieferantenseite komplexe Teams vielfältige Aspekte berücksichtigen, erfolgt die Beschaffung der Verpackung zumeist kostengetrieben. Nationale oder internationale Ausschreibungen oder Reverse-Auctions sind keine Seltenheit. Doch die Verpackung alleine auf den Preis zu reduzieren wäre viel zu einfach. Die Frage ist vielmehr: Wo im Produktionsprozess beeinflusst die Verpackung die Kosten und wie können diese über die gesamte Wertschöpfungskette optimiert werden – von der Entwicklung über die Materialbeschaffung, Logistik und Produktion bis hin zur Entsorgung? Dabei spielen Faktoren wie Palettenausnutzung, Losgrößen- und Frachtoptimierung ebenso eine Rolle wie die Reduzierung der Time-to-market oder die Steigerung der Prozesseffizienz durch Supply-Chain-Management (SCM). Aus diesem Grund gehen verantwortungsvolle Verpackungs-Hersteller dazu über, Verpackungskonzepte unter der Prämisse „Design to Production" zu optimieren. Sie berücksichtigen dabei die gesamte Wertschöpfungskette – vom Abpackprozess beim Produkthersteller über den Auspackprozess beim Verbraucher bis hin zum Entsorgungsprozess im Handel oder zu Hause. Die tägliche Praxis zeigt, dass sowohl beim Markenartikler als auch im Handel bei der ganzheitlichen Betrachtung des Verpackungsprozesses in vielen Fällen die Optimierungspotenziale noch nicht ausgeschöpft sind. Die Entwicklung kann dabei in zwei Richtungen erfolgen: Auf der einen Seite können durch eine Harmonisierung und Standardisierung von Packmitteln und sonstigen POS-Materialien Prozesse verbessert sowie Komplexität und Aufwand reduziert werden, ohne dass dies für den Verbraucher spürbar wird. Auf der anderen Seite kann die Verpackung aufgewertet und bei ähnlichen Herstellkosten mit zusätzlichen Elementen ausgestattet werden, die dem Verbraucher einen Mehrwert bieten und damit die Wahrscheinlichkeit erhöhen, dass dieser nicht nur einmal zugreift, sondern das Produkt immer wieder kauft. Innerhalb dieses Prozesses müssen von den Verantwortlichen – angefangen bei der Design-Abteilung über Marketing und Vertrieb, Produktentwicklung und Produktion bis hin zu Qualitätsmanagement und Logistik – alle Teilprozesse gemeinsam analysiert und verzahnt werden. Wenn alle Beteiligten in diesem Prozess ihren Blickwinkel vergrößern, lassen sich die in der Wertschöpfungskette enthaltenen Wertsteigerungspotenziale erschließen und umsetzen. Erst dann zeigt sich, ob eine günstige Verpackung auch eine gute Verpackung ist. Ein Maschinenstillstand oder eine Maschinenminderleistung aufgrund schlechter Abpackleistungen einer Verpackung übersteigt einen günstigen Einkaufspreis schnell um das Vielfache. Und auch für den Verkaufserfolg der verpackten Produkte ist die Verpackung wichtiger Multiplikator für den Abverkauf. Als „Visitenkarte" der Marke animiert sie Konsumenten immer wieder zum Zugreifen. Bei erfolgreichen Unternehmen ist daher auch die oberste Unternehmensleitung in den Entscheidungsprozess involviert und entscheidet bei Neuentwicklungen nicht nur über das Produkt und dessen Design, sondern auch über die Verpackung als Botschafter der Marken, denn: Gut verpackt ist halb verkauft.

8. MARKE UND CHINA

*Differenzierte Markenpositionen
schaffen Preispremium*

Tom Ramoser

Herr Wang sprang von seinem Sitz wie von der Tarantel gestochen auf, lief zum Flipchart und schrieb vier chinesische Zeichen groß aufs Papier:

中国电信

„Sehen Sie, sehen Sie, so das geht nicht", ließ uns Herr Wang aufgeregt über den Übersetzer ausrichten und zeigte auf das erste und letzte Zeichen. Stille, wir sahen natürlich nichts in den vielen Strichen. „So schreibt man China Telecom in Chinesisch. Sehen Sie, was Sie uns vorschlagen, geht nicht" – und weg war er, aus der Tür.

Ich war damals, Ende der Neunziger, im Team einer Unternehmensberatung mit dem Auftrag, für China Telecom eine Marketing-Strategie zur Vermarktung der neuen Breitband-Dienste zu erarbeiten. Das Internet war seinerzeit nur einem sehr kleinen Teil der Milliardenbevölkerung zugänglich und sollte vor allem in den Großstädten jedem Haushalt zur Verfügung gestellt werden.

Unsere Untersuchungen zeigten eindeutig, dass dieser Markt überwiegend aus hedonistischen und regelbrechenden Segmenten bestand, und so lautete dann auch unsere Empfehlung, die Herrn Wang so gar nicht zusagte. Aber wieso, was wollte Herr Wang uns eigentlich sagen?

Später, im Hotel, schlug ich die Zeichen im Lexikon nach und fand als Übersetzung für die ersten zwei Zeichen „Nation in der Mitte" für China, klar, das dritte Zeichen zeigte einen Blitz aus einer Regenwolke für etwas Elektrisches, und das vierte Zeichen bestand aus einem Mensch und einem Mund, aus dem Worte herauskamen. Dieses vierte Zeichen stand für Vertrauen, etwas Wahres, aber auch für Brief, und zusammen mit dem dritten Zeichen – dem Elektrischen – wurde daraus Telegramm oder E-Mail. Aha, so weit, so gut, aber was hatte Herrn Wang so auf die Palme gebracht, und warum hieß das letzte Zeichen auch Vertrauen auf etwas Verlässliches, und warum sollte das so gar nicht mit hedonistischen und regelbrechenden Kunden zusammenzubringen sein?

Die chinesischen Schriftzeichen sind ursprünglich aus einer Bildersprache entstanden. Diese Zeichen aus Bildern machen heute, tausende Jahre später, zwar nur noch runde 10 Prozent der geläufigen chinesischen Zeichen aus, definieren aber nach wie vor die chinesische Kultur. Die vier Zeichen für China Telecom bestehen zu 100 Prozent aus dieser klassischen Bildersprache, und vor allem das letzte Zeichen ist bedeutsam: Der Mensch und der Mund, der Worte spricht. Bei der Interpretation von chinesischen Schriftzeichen gilt, die gezeigte Situation wiegt schwerer als die Bedeutung der einzelnen Bestandteile. Das vierte Zeichen zeigt also einen Menschen, der etwas verspricht, der zu seinem Wort steht, dem vertraut werden kann, und wenn dieser Mensch dieses Versprechen aufschreibt, am besten in einem Brief, umso besser, dann hat man etwas in der Hand.

8. MARKE UND CHINA

»*Sprache* und *Kultur* spielen eine sehr wichtige, wenn nicht die wichtigste Rolle in der *Vermarktung*.«

In China jedenfalls sind hedonistische und regelbrechende Menschen nicht vertrauenswürdig, deshalb die Aufregung von Herrn Wang, und als China Telecom wollte man sich keinesfalls dem Vorwurf aussetzen, solche Menschen anzusprechen.

Während nun in westlichen Märkten das Werteversprechen einer Marke ohne weiteres und mit großen Spielräumen in ein bestimmtes Logo transferiert werden kann und wieder zurück, wie zum Beispiel von Mercedes-Benz im Stern oder von Nike im Swoosh, legen chinesische Schriftzeichen im Logo oder im Claim einer Marke das Werteversprechen in China fest, und zwar so, wie es vor Tausenden von Jahren von den Autoren der Schriftzeichen beabsichtigt wurde. Das ist gut für einen Teil des chinesischen Marktes, erreicht aber nicht die progressiven, hedonistischen und regelbrechenden Marktsegmente.

Sprache und Kultur spielen eine sehr wichtige, wenn nicht die wichtigste Rolle in der Vermarktung.

In China leben 1,5 Milliarden Menschen und es ist politisch korrekt, von einer homogenen Bevölkerung zu sprechen. Die Kommunistische Partei besteht darauf, dass 95 Prozent der Menschen von der ethnischen Gruppe der Han-Chinesen abstammen und alle ethnischen Gruppen im Land mit einer gemeinsamen kulturellen Herkunft und einem einheitlichen Schreibsystem verbunden sind.

Beim genaueren Hinsehen entdeckt man allerdings eine schier unermessliche kulturelle und linguistische Vielfalt: Sprache, Folklore, Temperament, Klima, Essgewohnheiten, kulturelle und geschichtliche Entwicklung, Einkommensverteilung und Demografie unterscheiden sich derart, dass Europa im Vergleich dazu wie aus einem Guss erscheint.

Obwohl die Chinesen ein gemeinsames Schreibsystem über alle Sprachen und Minoritäten hinweg haben, unterscheiden Linguisten mindestens acht unterschiedliche Sprachgruppen in China, die sich untereinander mit dem gesprochenen Wort nicht verständigen können. Mandarin, die Sprache der Hauptstadt Peking und offizielle Aussprache der chinesischen Schriftzeichen, sprechen zwar die meisten Menschen im Land, aber bei weitem nicht alle. Mit der letzten Volkszählung musste der Anteil der Mandarin sprechenden Bevölkerung sogar von bislang über 70 Prozent auf weniger als die Hälfte der Gesamtbevölkerung reduziert werden. Eher unbedeutend kommt dagegen das im Süden in Guangzhou gesprochene Kantonesisch mit 4 Prozent und das in Shanghai gesprochene Shanghainesisch mit nicht einmal 2 Prozent vor.

Sind diese Sprachen als eine lokale Spezialität vernachlässigbar? Keineswegs. Denn Guangzhou ist die Hauptstadt der Provinz Guangdong und dort schlägt entlang des Pearl River das wirtschaftliche Herz Chinas, bis ins nicht weit entfernte Hong Kong. Kantonesisch ist deshalb die Sprache der Wirtschaft und des Handels; es wird auch meist von den in China sehr einflussreichen Auslandschinesen gesprochen. Und Shanghai ist nicht nur die erste Finanzmetropole im Reich der Mitte, sondern mit rund 19 Millionen Einwohnern auch die größte Metropole im Land.

Unter dem Strich ist deshalb Kantonesisch die wahrscheinlich wichtigste Sprache in der Werbung. Deshalb wäre eine nationale Markeneinführung ohne Adaptionen in Kantonesisch und Shanghainesisch wie Selbstmord.

8. MARKE UND CHINA

Acht chinesische Archetypen

Über alle Sprachen und Kulturen hinweg ist deshalb in China eine Segmentierung nach den persönlichen Wertesystemen der Marktteilnehmer ein praktikabler Weg. Wir, Rosebud, haben in China mit einer rund 100 Statements langen Batterie 19 psychologische Kerne und acht Archetypen quantitativ entdeckt:

1. Innovatoren (INO)
Regelbrecher, sind sehr kreativ, innovativ, sehen Chancen, sind mutig, diese zu ergreifen, akzeptieren Risiken, fürchten sich nicht vor Fehlschlägen, fordern Konventionen und Normen heraus, verwenden Dinge „falsch" und erzeugen so neue Anwendungen, sind Trendsetter, setzen neue Stilrichtungen in Mode und Lebensart, sind positiv, neugierig, ausdrucksstark, laut, ruhelos und schnell, ziehen so die Aufmerksamkeit auf sich.

2. Hedonisten (HED)
Partyleute, sind sehr hedonistisch, suchen Spaß und Vergnügen als Daseinszweck, glauben, dass Spaß mit Risiko und Abenteuer verbunden ist, sind sehr emotional, spontan, laut, ruhelos, vermeiden harte Arbeit, sind unordentlich, nicht organisiert und unzuverlässig.

3. Progressive Maximalisten (PMX)
Glauben an größer ist besser, ausgeprägte Luxus- und Konsumorientierung, sehr hedonistisch mit ausgeprägter Selbstwahrnehmung, nehmen Trends früh auf, sind laut, dynamisch, ruhelos, ausdrucksstark, mitteilsam, wollen die Aufmerksamkeit primär auf sich ziehen, haben eine ausgeprägte progressive Leistungsorientierung, glauben an neuste Technologien und Effizienz, sind maximalistisch, excessiv, verschwenderisch.

4. Traditionelle Maximalisten (TMX)
Connaisseurs, sehr hohe Luxusorientierung, lieben Klassisches, Eleganz und zeitlose Schönheit, lieben stille Momente, vermeiden Hektik und Stress, suchen etablierte Statussymbole, haben eine hohe soziale Orientierung, glauben an traditionelle Familienwerte, sind ethisch, verantwortungsbereit, mitfühlend, denken ökologisch, sind maximalistisch, aber nicht verschwenderisch, wollen Umwelt und Natur schützen.

5. Traditionalisten (TRA)
Glauben an traditionelle Familienwerte, sind ethisch, verantwortungsbereit, mitfühlend, arbeiten hart, strengen sich an, sehr diszipliniert, Perfektionisten, sehr organisiert, suchen maximale Sicherheit und Zuverlässigkeit, lehnen Experimente ab, halten sich an Normen und Konventionen, lieben Klassisches und zeitlose Schönheit, sind altmodisch, lehnen alles Neue ab, besonders neue Technologien, lehnen hedonistische Orientierungen strikt ab, haben Tages-, Wochen- und Jahresroutinen, planen die Zukunft im Detail, sorgen sich um Natur und Umwelt.

6. Konventionalisten (CON)
Sind liebenswert, zustimmend, passen sich an, halten sich an Normen und Konventionen, lieben stille Momente, vermeiden Hektik und Stress, haben traditionelle Leistungsorientierung, arbeiten hart, strengen sich an, sind sehr organisiert, vertrauen etablierten Lösungen, lehnen Experimente strikt ab, lehnen hedonistische Orientierungen strikt ab, fühlen sich in Masse wohl, sorgen sich um Umwelt und Natur.

7. Minimalisten (MIN)
Sind extrem sparsam und minimalistisch, systematische Suche nach den geringsten Kosten, Sparsamkeit um jeden Preis, extrem puristische Grundhaltungen, vermeiden Ver-

schwendung, wo es nur geht, lehnen hedonistische Orientierungen und alles, was Spaß macht, strikt ab, sind technologie-feindlich, wollen keine Aufmerksamkeit, lieben stille Momente, vermeiden Hektik und Stress.

8. Rationale Performer (RPE)
Workaholics, bewundern Leistung, arbeiten hart mit hohem persönlichen Einsatz, sehr organisiert, Effizienz ist höchste Maxime, setzen modernste Technologien zur Effizienzsteigerung ein, extreme Technologiegläubigkeit, vermeiden alles, was Spaß und Vergnügen bereitet, lehnen Hedonismus und Angeberei strikt ab, sind sehr stolz auf ihre Leistungsfähigkeit und Produktivität.

Eine weitere quantitative Analyse zeigt die Konstellation und Entfernung der einzelnen Archetypen zueinander, je näher, umso freundlicher, je entfernter, umso unfreundlicher. Wenn man nun den wirtschaftlich unbedeutenden und sozial unverträglichen Minimalisten die Position unten links zuweist, ergeben sich vier Grundorientierungen:

Oben: Maximalistisch, Luxusorientierungen, größer ist besser.

Unten: Minimalistisch, preis- und kostensensibel, weniger ist mehr.

Wir: Sozial und ethisch konservativ, traditionelle Orientierungen, Altes ist besser als Neues, die Vergangenheit war besser als die Zukunft.

Ich: Individuelle und liberale Veränderer, progressive Orientierungen, Neues ist besser als Altes, die Zukunft wird besser als die Vergangenheit.

OBEN
maximalistisch, luxusorientiert

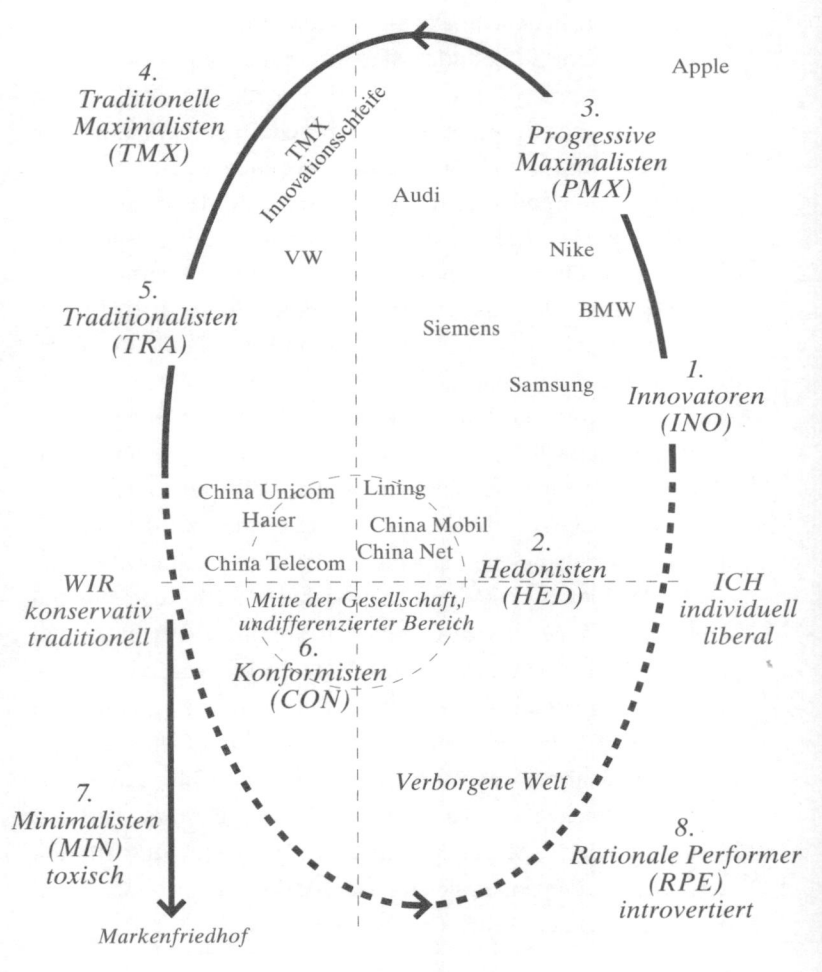

4.
Traditionelle
Maximalisten
(TMX)

TMX Innovationsschleife

Apple

3.
Progressive
Maximalisten
(PMX)

Audi

VW

Nike

BMW

5.
Traditionalisten
(TRA)

Siemens

Samsung

1.
Innovatoren
(INO)

China Unicom   Lining
Haier   China Mobil
China Telecom   China Net

2.
Hedonisten
(HED)

WIR
konservativ
traditionell

Mitte der Gesellschaft,
undifferenzierter Bereich

6.
Konformisten
(CON)

ICH
individuell
liberal

Verborgene Welt

7.
Minimalisten
(MIN)
toxisch

8.
Rationale Performer
(RPE)
introvertiert

Markenfriedhof

UNTEN
minimalistisch, preis- und kostensensibel

Marke in China – Die Position ausgewählter Marken
Quelle: Rosebud. The Strategic Business Development Group, Ipsos (China, Apr.2012, n = 3.051, CAPI, GenPop Tier 1–3 18–56 yrs.)

8. MARKE UND CHINA

Die Konstellation der acht Archetypen ergibt nun einen Kreis um die gesellschaftliche Mitte, einem Lebenszyklus gleich, in dem die Positionen von Marken berechnet werden können. So befinden sich international führende Marken wie Apple, BMW, Nike und Siemens Hausgeräte mehr oder weniger differenziert im wirtschaftlich bedeutendsten „Oben" und „Ich" Quadranten zwischen den Stationen 1 und 3, während führende chinesische Marken wie Haier (Hausgeräte), Lenovo (Computer) oder LiNing (Sportartikel) eine Differenzierung – und die damit unvermeidliche einhergehende Polarisierung – vermeiden, es allen Marktteilnehmern recht machen wollen und sich daher als Marke allesamt in der neutralen Mitte aufhalten.

China Telecom ist unserer eingangs erwähnten Empfehlung natürlich nicht gefolgt; auf hedonistische und regelbrechende Marktsegmente zu setzen ist für eine chinesische Marke nicht sozial akzeptabel. Stattdessen hat die chinesische Regierung die seinerzeit allmächtige China Telecom 2002 in vier eigenständige Unternehmen nach Regionen und Produkten geteilt: Zwei regional getrennte Festnetz- und Breitbandanbieter, die China Netcom im Norden und die verkleinerte China Telecom im Süden, und zwei nationale Mobilnetzbetreiber, China Mobile und China Unicom. Ziel der Maßnahme war vor allem, Wettbewerbsfähigkeit zu lernen und sukzessive zu steigern. Dies ist gelungen, nur eine differenzierte Markenposition als Voraussetzung für ein Preispremium haben sich die vier Marken in den letzten zehn Jahren nicht erworben (s. Abb.).

Achtung, Niedrigpreis-Falle!

Wann immer ein Artikel in China populär wird, entweder aus einer gelungenen Produktentwicklung oder mit einer gelungenen Werbung, typischerweise aus beidem, können wir sicher sein, dass es nur eine Frage der Zeit ist, bis dieser Artikel unter dem beworbenen Preis angeboten wird. Diese Preisnachlässe entwickeln und verbreiten sich rasant. Es gibt keine Geheimnisse oder Privatsphäre unter den chinesischen Händlern; die Läden sind typischerweise zur Straße hin offen, so dass der Händler, ohne sein Geschäft zu verlassen, alles sieht, nicht nur, was bei seinem Wettbewerber auf der gegenüberliegenden Straßenseite vorgeht, sondern jede einzelne Transaktion. Wenn der Händler bemerkt, dass sich zum Beispiel eine Seifenmarke schneller verkauft, verliert er keine Zeit und bringt seine Ware nach vorne und hängt ein Schild auf, mit einem ein oder zwei Yuan geringeren Preis. Die anderen Händler kontern und bald verkauft die ganze Stadt die Seife unter Kosten.

Der Händler verdient nun nichts mehr an der Seife und ist deshalb nicht mehr daran interessiert, diese Seife weiter zu verkaufen. Er stellt deshalb die Seife weiter vorne aus und hängt weiterhin ein Schild mit dem niedrigsten Preis auf. Aber wenn nun ein Kunde in das Geschäft kommt, wird er versuchen, ihm eine andere Seifenmarke zu verkaufen. Der Händler sagt unter Umständen, dass die beworbene Seife nicht mehr so gut ist wie früher, dass er die Marke nicht länger empfehlen kann, und dass dies der Grund für die Preisreduktion ist. Schließlich erwirbt sich die Marke den schlechten Ruf, keinen Profit mehr erzeugen zu können.

Dieses Prinzip hat Carl Crow bereits vor siebzig Jahren in seinem Bestseller „400.000 Kunden" beschrieben. An diesem Prinzip hat sich bis heute nichts verändert, nur dass es inzwischen mehr Kunden sind.

Aus diesem Teufelskreis gibt es nur einen Ausweg: kurze Innovationszyklen, so wie es alle führenden Marken erfolgreich machen. Ein Mittel, das übrigens auch ganz ausgezeichnet gegen ein anderes Unwesen hilft, Plagiate.

China ist ein wundervolles Land mit vielen Chancen für gut positionierte Marken, nach wie vor. Alles, was man braucht, um hier erfolgreich zu sein, sind offene Augen, Neugier, Humor und Zurückhaltung.

9. MARKE UND IHR WERT

Über das Wirk- und Wertpotenzial von Marken

Marc Sasserath mit Uwe Munzinger

Starke Marken sind in weiten Teilen der Welt begehrter denn je. Marken faszinieren und inspirieren Menschen, sie schaffen Orientierung und Präferenzen in einem immer komplexeren und digitaleren Umfeld an Angeboten, Produkten und Dienstleistungen. Mit Marken werden global Milliardenumsätze erzielt. Marken kreieren Wert und sind für viele Unternehmen ein entscheidender Bestandteil der Wertschöpfungskette. Marken haben heute eine zentrale betriebswirtschaftliche, aber auch volkswirtschaftliche Bedeutung. Aber all diese wertvollen Aspekte von Marken sind für Unternehmen nur nutzbar, wenn sie im Alltag der Unternehmenspraxis richtig geführt werden.

Der Ursprung der Marke

Die Themen Marke und Wert von Marken sind nicht so neu, wie es manchmal scheint. Gern wird die Entstehung des Markenbewusstseins in der Zeit der industriellen Revolution angesiedelt, aber mittlerweile wissen wir, dass sich Logos und Labels bis in die frühen Zivilisationen Mesopotamiens und Ägyptens zurückverfolgen lassen. Bereits damals gab es die Praxis, bestimmte Massenprodukte wie alkoholische Getränke, Kosmetika oder Bekleidung als Marke eines bestimmten Herstellers zu verkaufen. Der Wissenschaftler David Wengrow konnte vor einigen Jahren eine ägyptische Tontafel als Warenschild für feines Olivenöl identifizieren. Es gab einen Produktnamen („Hemaka"), es gab ein Versprechen („Das feinste Öl von Tjehenu"), die Andeutung, dass sogar die Götter es lobten, und einen Reason why: die sorgfältige Herstellung mit erstklassigen Gerätschaften, in diesem Fall einer Ölpresse in einem goldenen Palast.

Die Marke funktionierte damals wie heute als ein positives Vorurteil und diente den Menschen zur Markierung, Orientierung und als Qualitätsgarant. Ein Vorurteil, das Präferenz schafft und die Bereitschaft von Menschen erhöht, ein Preis-Premium zu zahlen.

Anschaulich wird dies an Beispielen aus den unterschiedlichsten Märkten, in denen es Marken gelingt, für produktfaktisch vergleichbare Leistungen ein deutliches Preis-Premium zu erzielen. Ein Beispiel ist der Wassermarkt. In Deutschland ist fast flächendeckend Wasser in hervorragender Qualität aus dem Wasserhahn zu erhalten. Deshalb gibt es eigentlich keinen Grund, Wasser in Flaschen zu kaufen. Trotzdem hat sich der Pro-Kopf-Verbrauch von Wasser in Flaschen seit 1970 auf über 135 Liter mehr als verzehnfacht. Mit Mineral- und Heilwasser werden in Deutschland mehr als 3 Milliarden Euro umgesetzt. Die Literpreise, die für Wasser aus der Flasche bezahlt werden, liegen zum Teil deutlich über denen für Cola, Bier oder Wein. So kann man unter www.fineliquids.com eine mit Swarovski-Kristallen besetzte Flasche „Bling H2O Still" für einen Literpreis von 66,66 Euro bestellen. Wie hochwertige Weine ist sie mit einem Naturkork verschlossen und zusätzlich mit einer silbernen Kapsel versiegelt. Wer auf den Zusatznutzen der dekorierten Flasche verzichten möchte, kann sich auch

9. MARKE UND IHR WERT

51 %
der Probanden für Coca-Cola

44 %
der Probanden für Pepsi

Grafik zur Pepsi Challenge:
Blindtest (ohne Kenntnis der Marke)

mit gize Wasser bescheiden. gize ist ein Gold-gefiltertes Mineralwasser aus Kanada und für 19,73 Euro pro Liter zu haben. Damit ist gize aber immer noch 152-mal so teuer wie dieselbe Menge Wasser von Aldi (das nach Testurteilen über eine hervorragende Qualität verfügt)! Was macht nun den Unterschied zwischen dem günstigen Wasser aus dem Hahn und dem teuren Wasser aus der Flasche? Was rechtfertigt den Mehrwert, den Menschen zu zahlen bereit sind? In erster Linie sind dies die Marken, die mittels Geschichten und Signalen über Herkunft und Herstellung, gut klingenden Markennamen und/oder ansprechenden Flaschen kreiert wurden und die faktische Produktnutzung in einen Markenerleben-Kontext transformieren!

Das klassische Beispiel, wie eine Marke auf die Präferenz wirken kann, ist die sogenannte Pepsi Challenge. In den 1970er- und 1980er-Jahren schaltete Pepsi eine Reihe von TV Commercials, in denen Coca-Cola gegen Pepsi in einem Blindtest verglichen wurde. Aufgabe der Probanden war es, zu beurteilen, welche Cola besser schmeckt, ohne zu wissen, welche Marke sie trinken. Meistens gewann Pepsi bei diesem Test, und trotzdem bevorzugten die meisten Konsumenten beim Kauf Coca-Cola – obwohl Pepsi ihnen objektiv betrachtet besser schmeckte!

Die Erklärung für dieses Phänomen liegt in der Marke begründet: Während sich im Blindtest (also ohne Kenntnis

65%

der Probanden für Coca-Cola

23%

der Probanden für Pepsi

Grafik zur Pepsi Challenge:
„Gebrandeter" Test (mit Kenntnis der Marke)

der Marke) 51 Prozent der Probanden für Pepsi entschieden und nur 44 Prozent für Coca-Cola, schmeckten plötzlich 65 Prozent der Testpersonen Coca-Cola besser und nur noch 23 Prozent Pepsi, wenn der Test „gebrandet" durchgeführt wurde, also erkenntlich war, welche Marke getrunken wurde!

Ist die Marke erkennbar, trinkt der Mensch nicht nur die braune Brause, sondern sein Geschmackserlebnis wird durch alle Begegnungen zwischen Mensch und Marke wie z. B. die Werbung, den markanten Schriftzug, die typische Flasche, Promotion, soziale Netzwerke etc. beeinflusst. Dieses ganzheitliche Markenerleben ist in diesem Falle für Coca-Cola so stark (und offenbar positiv), dass sogar eine wahrgenommene unterlegene Produktleistung durch das Markenerleben in Präferenz transformiert werden kann.

Die Wirkungsweise von Marken lässt sich mittlerweile auch neurophysiologisch beobachten und erklären. So hat Read Montague, ein Neurowissenschaftler am Baylor College of Medicine, die „Pepsi Challenge" mit Hilfe von funktioneller Magnetresonanztomographie nachgestellt. Während eine Gruppe von Probanden Pepsi bzw. Coca-Cola trank, wurde ihre jeweilige Gehirnaktivität gemessen. Ohne Nennung des Markennamens war die Aktivität in der Gehirnregion, von der man annimmt, das sie Gefühle der Belohnung verarbeitet (Affen zeigen z.B. eine starke Aktivität in diesem Bereich des Gehirns, wenn sie Futter bekommen als Belohnung für das Erfüllen einer Aufgabe), fünfmal so stark, wenn die Probanden Pepsi tranken, als wenn sie Coca-Cola tranken.

In einem nächsten Schritt sagte Montague es den Probanden, wenn sie Coca-Cola tranken. Die Gehirnaktivität änderte sich erheblich. Zusätzlich wurde eine Hirnregion stark aktiviert, die für kognitive Steuerung zuständig ist. Die Geschmackswahrnehmung wurde nun komplexer verarbeitet: zusätzlich wurden Erinnerungen und andere Eindrücke von Coca-Cola „mitgetrunken" und in die Bewertung mit einbezogen. Für Pepsi ließ sich eine vergleichbare Aktivität nicht nachweisen.

Ähnliche Phänomene lassen sich in Experimenten auch bei Kindern beobachten, die Karotten in McDonald's-gebrandeten Tüten ungebrandeten Karotten deutlich vorziehen.

Der monetäre Wert der Marke

Marken haben über ihr Markenerleben als Summe aller Begegnungen zwischen Mensch und Marke eindeutig eine präferenzstiftende und werttreibende Funktion und somit eine hohe betriebswirtschaftliche Bedeutung. Marken sind heute für viele Unternehmen für einen großen Teil ihres Wertes verantwortlich. So bezieht das gemessen an seiner Börsenkapitalisierung wertvollste Unternehmen aller Zeiten, Apple, einen Großteil seines Wertes ganz offenbar aus der Strahlkraft der Marke.

Wie berechnet man aber den Wert einer Marke, also von etwas Immateriellem, in Euro, Dollar und Cent? Die genaue Berechnung des monetären Wertes einer Marke ist in Fachkreisen umstritten. Es existieren zahlreiche unterschiedliche und miteinander konkurrierende Ansätze, eher finanzorientierte (die sowohl kostenorientiert, ertragswertorientiert als auch preispremiumorientiert sein können), verhaltenswissenschaftlich orientierte (z. B. Markenwertmodelle nach Aaker oder Keller) und auch finanzwirtschaftlich-verhaltensorientierte Kombinationsmodelle (z. B. Interbrand, GfK oder Nielsen), die jeweils zu oftmals sehr unterschiedlichen Ergebnissen bei der Berechnung des monetären Wertes einer Marke führen.

Laut Millward Brown war die wertvollste Marke der Welt 2011, Apple, ca. 153 Mrd. US-Dollar wert. Bei Interbrand rangiert Apple 2011 dagegen mit einem Wert von ca. 33 Mrd. US-Dollar nur auf Rang acht.

Seit 2010 existiert eine Norm ISO 10688 „Markenwertmessung – Anforderungen für monetäre Markenwertmessung" der internationalen Normierungsorganisation ISO, die Grundanforderungen an Verfahren und Methoden zur Bestimmung des monetären Werts einer Marke festlegt. Diese Grundanforderungen schließen finanzwirtschaftliche, verhaltenswissenschaftliche und rechtliche Aspekte ein.

Obwohl hinsichtlich der Berechnung des Werts einer Marke starke Unterschiede existieren, sind sich alle Quellen einig, dass Marken sehr wertvoll und damit attraktiv und relevant für unterschiedlichste Zielgruppen sind.

Aber Marken wirken nicht nur direkt auf die Präferenzen von Kunden und potenziellen Kunden. Ihr Wirk- und Wertpotenzial ist sehr viel breiter und komplexer. Marken sind gerade heute in einer zunehmend digitalen, komplexen und schnelllebigen Zeit wichtiger als je zuvor: durch ihre Grundleistungen als Orientierungshilfe und Qualitätsgarant in einem überbordenden Angebot sowie als sinnstiftender Leitstern für das Handeln von Personen in Unternehmen und Organisationen.

Marken nehmen vermehrt Aufgaben wahr, die weit über das Marketing und den Verkauf von Produkten oder Services hinausgehen. Markenführung betrifft das gesamte Unternehmen. Eine starke Marke kann Transformationen

9. MARKE UND IHR WERT

treiben und Menschen, egal ob Kunden, Mitarbeiter oder solche, die es werden sollen, Vertriebspartner, ja selbst Finanzspezialisten, begeistern und bewegen. Sie vermag es, unterschiedlichste Interessen unter einen Nenner zu bringen und in eine gemeinsame Richtung zu dirigieren. Sie vermittelt vor allem den internen Bezugsgruppen Orientierung, gibt Ziel und Richtung vor, bietet Sinnstiftung und Daseinsberechtigung, so dass sie im Idealfall für jeden Mitarbeiter im Unternehmen als Maßstab und Leitlinie seines Handelns dient – eine Voraussetzung dafür, dass Unternehmen im digitalen Zeitalter handlungs- und reaktionsfähig bleiben. Da lässt sich nicht jeder Tweet, jede Facebook-Interaktion, jede Echtzeitreaktion durch mehrfache Hierarchien kontrollieren und abstimmen. Mitarbeiter müssen befähigt sein, den Dialog zu führen, und das nicht nur offline, sondern auch online. Eine klar definierte Marke ist hier von großem Wert.

Die Kraft der Marke

Der Wert einer Marke zeigt sich grundsätzlich zunächst einmal im Unternehmen selbst. Wird eine Marke intelligent gesteuert, trägt sie ganz wesentlich zum Unternehmenserfolg bei. Ist die Markenführung in der Unternehmensführung verankert, bildet die Marke zugleich Gravitationszentrum und Leitstern eines Unternehmens. Sie kann Faszination und Leidenschaft erzeugen und Menschen, Produkte, ja ganze Unternehmen zum Leuchten bringen und so einen signifikanten Beitrag zum Unternehmenswert leisten.

Damit eine Marke ihre Kraft als Leitstern entfalten kann, muss diese verbindlich und verständlich definiert werden. Erst dann lässt sich eine Marke führen und steuern und kann an unterschiedlichsten Kontaktpunkten für unterschiedliche Bezugsgruppen präferenzstiftende Markenerlebnisse schaffen, ohne an Kohärenz einzubüßen.

Diese Markenerlebnisse lassen sich nach vier einfachen Kriterien bewerten: Wird die Marke als nützlich erlebt? Ist das Markenerlebnis interessant und damit auch die Marke? Hebt die Marke sich von ihrem Umfeld ab und erlangt somit Einzigartigkeit? Werden die Markenerlebnisse in ihrer Gesamtheit widerspruchsfrei erlebt?

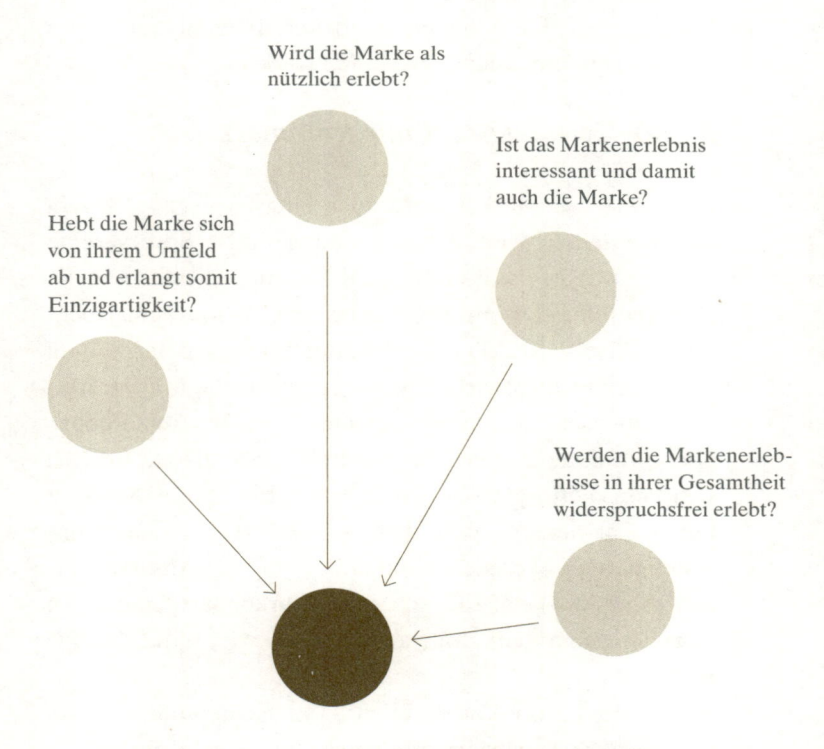

Wird die Marke als nützlich erlebt?

Ist das Markenerlebnis interessant und damit auch die Marke?

Hebt die Marke sich von ihrem Umfeld ab und erlangt somit Einzigartigkeit?

Werden die Markenerlebnisse in ihrer Gesamtheit widerspruchsfrei erlebt?

Wie schafft die Marke es, sich selbst treu zu bleiben und doch immer wieder spannend neu und anders zu sein?

Kriterien zur Definition der Markenkraft, Quelle: Sasserath, Munzinger

9. MARKE UND IHR WERT

Gerade in der letzten Dimension offenbart sich eine der großen Herausforderungen für die Markenführung heute: Wie schafft die Marke es, sich selbst treu zu bleiben und doch immer wieder spannend neu und anders zu sein? Gerade in einer Welt, die zunehmend durch Transparenz und veränderte Machtverhältnisse bestimmt wird, gilt es, die richtige Balance zwischen basisdemokratischer Mitgestaltung und monarchischer Führung zu finden. Gelingt dies, baut die Marke Sympathie, Vertrauen und Verbundenheit auf – das langfristige Fundament der Markenstärke.

Marke – viel mehr als nur Kommerz

Der Wert von Marken wird auch längst jenseits der rein kommerziellen Welt erkannt und genutzt. Sportvereine wie der FC St. Pauli erlangen Kultstatus, Länder wie die Schweiz oder Bahrain profilieren sich als Marken, Hochschulen wie INSEAD oder die Humboldt-Viadrina School of Governance entwickeln hochprofessionelle Markenstrategien und schaffen dadurch (Mehr-)Wert. Marken erobern Sport, Bildung und Politik. Aber auch der soziale Bereich sieht mit betterplace.org und UNICEF starke Marken. Diese Entwicklung wird sich weiter fortsetzen, und mit zunehmender Wertschätzung kollaborativer Ansätze werden diese Marken in interessante Markenpartnerschaften eintreten, man denke nur an UNICEF, Nike und den FC Barcelona.

Egal, ob kommerziell oder gemeinnützig: Das wichtigste Ziel der Markenführung muss es sein, ein starkes und attraktives Markenerleben zu kreieren, um Präferenz für das eigene Angebot zu schaffen, alle relevanten Bezugsgruppen an die eigene Marke zu binden und damit Wert zu maximieren. Marke hat somit allergrößte Business-Relevanz, denn ohne Markenerleben gibt es keine Markenpräferenz und somit keinen Markenwert.

Ziel der Markenführung

- Kreieren eines starken und attraktiven Markenerlebens um Präferenz für das eigene Angebot zu schaffen
- Alle relevanten Bezugsgruppen an die eigene Marke zu binden und damit Wert zu maximieren. Marke hat somit allergrößte Business-Relevanz, denn ohne Markenerleben gibt es keine Markenpräferenz und somit keinen Markenwert.

Die Marke in der Zukunft

Noch nie standen der Markenführung so herausfordernde Zeiten bevor wie in den nächsten Jahren. Das Internet hat Wirtschaft und Gesellschaft in gerade einmal zwanzig Jahren so massiv und nachhaltig beeinflusst wie kaum eine andere Errungenschaft zuvor. Es gibt keinen Wirtschaftsbereich, der in der Zukunft ohne das Internet funktionieren könnte. Technologische, mediale, ökologische, gesellschaftliche und wirtschaftliche Veränderungen stellen die bekannten und scheinbar bewährten Techniken und Rezepte von Markenführung und Marketing infrage.

In diesem Umfeld ist die Marke das zentrale Leitsystem, das Werte schafft. Denn gerade in der Jetztzeit ist die Maximierung des Markenerlebens und der Markenstärke kein Selbstzweck, sondern immer eine wirtschaftliche Notwendigkeit. Eine starke Marke ist mehr als je zuvor die wichtigste Kraft in der Wertschöpfungskette, die dazu beiträgt, mehr Markenpräferenz zu kreieren, mehr Marktanteile zu erzielen und letztendlich mehr Wert zu generieren. Möge die Macht mit der Marke sein.

10. MARKE UND INTERNET

Oder warum aus Markenmanagern Moderatoren einer Gartenparty werden müssen

Prof. Dr. Klemens Skibicki

Der Aufstieg des Internets zum Massenmedium seit Mitte der 1990er-Jahre verändert Marken und Markenstrategien grundlegend und nachhaltig. Zunächst stellt das Web jedoch lediglich einen anders gearteten Kanal der Markeninszenierung neben TV, Radio und Print dar. So müssen bei der Markenführung im Internet zunächst neue Mechanismen der Darstellung und Wahrnehmung gelernt werden. Auch wird das Markenerlebnis interaktiver, da die Funktionalität einer Website beim Nutzer einen markenprägenden Eindruck hinterlässt. Im Kern bleibt es jedoch dabei, dass Markenbotschaften von deren Eigentümern an die Empfänger-Zielgruppen gesendet werden. Als die Suchmaschinen zum primären Ausgangs- und Orientierungspunkt im Netz avancieren, erweitert sich das Spektrum benötigter Aktivitäten der Markenverantwortlichen um Suchmaschinenmarketing. Entscheidend wird, welche Suchergebnisse auf den ersten Seiten im Umfeld eines gesuchten Themas, Produkts oder des Markennamens erscheinen, da sich hier zunehmend die Aufmerksamkeit der Nutzer hinwendet.

It's the end of the world as we know it!

Die wirkliche Zäsur, die die Markenwelt in ihrer Gesamtheit erfasst und grundlegend verändert, findet jedoch erst mit Aufkommen des Social Webs statt. Sogenannte „Social Media" machen sich ab 2005 auf, in atemberaubender Geschwindigkeit die Internetwelt zu erobern: Die Videoplattform YouTube wird im siebten Online-Jahr von rund 800 Mio. Menschen genutzt, das führende soziale Netzwerk Facebook sammelt in seinen ersten 8 Jahren rund 1 Mrd. Nutzer ein. Die Auswirkungen sind gravierend, werden aber selbst heute noch von den meisten Markenverantwortlichen vollkommen unterschätzt. In den ersten Jahren des Internets war es noch nicht so deutlich, dass dieses neue Medium sich von allen anderen Kanälen dadurch grundlegend unterscheidet, dass es erstens rückkanalfähig ist und zweitens eine eigenständige Sendefähigkeit in alle Richtungen eröffnet – erst die Social Media offenbaren dies. Als Novum in der Mediengeschichte wird mit deren Hilfe jeder einzelne Internetnutzer zum potenziellen Massenmedium. Kontrollierten jahrzehntelang wenige Mediengiganten, was die Masse der Menschen zu lesen, zu hören und zu sehen bekam, so entscheidet im Social-Media-Zeitalter jeder allein und unabhängig, was ihn erreicht und was er sendet. Bei den rund 4 Mrd. Abrufen pro Tag auf YouTube gibt es keinen Programmdirektor und keine Fernsehansagerin, die verkündet, was die Zuschauer zu sehen bekommen. Im Gegenteil, hier machen die Nutzer alleine das Programm,

4 Mrd.

Abrufe pro Tag auf YouTube

da sie technisch das hochladen und zur Verfügung stellen können, was sie möchten. Der größte Bewegtbildsender unserer Zeit ist somit in den Händen derjenigen, die früher nur empfangen durften – eine Machtverschiebung ohnegleichen. Geht es vornehmlich um Texte, so erlauben heute Blog- oder Mikroblogging-Dienste wie Twitter jedem Internetnutzer, mit wenigen Klicks eine Leserschaft und Reichweite aufzubauen, wie es zuvor nur Zeitungen oder professionelle Nachrichtenticker vermochten. Die Verbindung all dieser Botschaften in Form von Text, Bildern oder Videos wird in den sozialen Netzwerken wie Facebook, Google+ oder Xing geschaffen. Hier vernetzen sich Freunde, Familie, Bekannte und Geschäftspartner und bleiben auf dem Laufenden. Über von den Nutzern eingestellte Inhalte, Kommentare, Status-Meldungen und interne Mail-Systeme finden dort „Gespräche" darüber statt, was Menschen bewegt: Liebe, Freundschaft, Krisen, Erfolge, der letzte Urlaub oder die Party nächste Woche. Wie beim gemütlichen Beisammensein einer Gartenparty wird aber eben auch über Produkte und Marken gesprochen – begleitet von einer Empfehlung, einer Warnung oder der Mitteilung an den Bekanntenkreis, dass man „Fan" einer Marke ist. Auf den ersten Blick mag dies als unwichtiger, trivialer Smalltalk erscheinen, im Kern geht es bei dieser neuen Selbstbestimmung und Rolle der früheren Empfänger aber um nicht weniger als die Ablösung des gesamten Kommunikationsmodells des Massenmedienzeitalters und damit der alten Strukturen für Markenwelten.

Man kann in neuen Welten nicht mit altem Denken erfolgreich sein.

Die gesamte Markenkommunikation war in Zeiten des einseitigen Sender-Empfänger-Modells richtigerweise darauf ausgerichtet, Markenbotschaften für TV, Radio und

Print als den Gatekeepern zu Nachfragern zu optimieren. Heerscharen von Marktforschern, Kreativen, Mediaplanern, Produktionsgesellschaften und PR-Agenturen unterstützten die Markenverantwortlichen dabei, die eigene Botschaft entsprechend den Anforderungen dieser Kanäle aufzubereiten, um redaktionelle Berichterstattung oder bezahlte Werbung massenwirksam zu platzieren. Es gab ja auch keine Alternative, wenn Millionen von Konsumenten erreicht werden sollten. Direkt- oder Mund-zu-Mund-Kommunikation waren bestenfalls „nice to have". Dies hat sich durch Social Media geändert, denn jetzt sind die Konsumenten selbst eigenständige Medien. Anders ausgedrückt, Menschen führen zwar wie zu allen Zeiten Gespräche untereinander, diese aber sind heute massenrelevant. Hinzu kommt, dass Konsumenten keiner anderen Botschaft so sehr vertrauen wie den Empfehlungen von Bekannten. Folglich haben klassische Medien durch Social Media eine kaum schlagbare Konkurrenz bei der persönlichen Informationsfilterung bekommen. Durch die rasant wachsende Verbreitung von Smartphones sind diese individualisierten Informationsquellen zudem überall und immer verfügbar. Die frühere Trennung zwischen online und offline wird somit aufgehoben. Die Rahmenbedingungen in Räumen, in denen Markenwelten stattfinden, haben sich folglich von Grund auf und irreversibel verändert: Märkte sind nicht mehr wie zu Zeiten des einseitigen Sender-Empfänger-Modells ein Aufeinandertreffen von Angebot und Nachfrage, bei dem die Anbieter versuchen, mit Markeninszenierungen auf allen Kanälen überall, öfter und lauter die Nachfrager von der eigenen Markenbotschaft zu überzeugen. Jetzt und in Zukunft haben Verbraucher über Social Media immer und überall Zugriff auf andere Menschen, denen sie mehr vertrauen und die für sie relevanter sind als jegliche Anbieterinformation oder klassische Medienkanäle. Letztere werden zum „second best"

10. MARKE UND INTERNET

degradiert, wenn es um die Bewertung von Markeninformationen geht. Einige Vordenker des Social Webs prägten dafür bereits im Jahr 1999 in ihrem wegweisenden Werk der „95 Thesen des Cluetrain Manifests" die Basisthese „Märkte sind Gespräche". Aus der alten Medienwelt kommend, ist vielen Markenverantwortlichen dieses „neue" Massenmedium Mensch und das Social Web als sein Umfeld noch fremd. Um beim vereinfachenden Bild des Social Web als einer „gigantischen Gartenparty" zu bleiben, kann man festhalten, dass sich analog die dort stattfindenden Gespräche weitgehend dem Einfluss jeglicher Markenmanager entziehen. Eine Kontrolle ist schlichtweg nicht möglich. Genau die Akzeptanz einer solchen, anders gelagerten Kommunikationswelt ist es, die die Voraussetzung für Markenkompetenzentwicklung im Social-Media-Zeitalter darstellt. Der damit de facto vorhandene Machtverlust der Markenentscheider führt zu einer Neuordnung der Grundregeln im Marken-Denken, von denen einige im Folgenden angerissen werden.

Marke ist, was die Kunden sagen!

In einer Welt, in der diejenigen, die eine Marke akzeptieren sollen, selbst massenhaft sprechen und sich austauschen können, ist die Marke nicht mehr das, was die Verantwortlichen in ihr gerne sehen würden, sondern das, wie Menschen diese Marke sehen, mit ihr umgehen und sich darüber äußern. Vor dem Social Web war das äußere Markenbild hauptsächlich vom Erscheinungsbild in der „öffentlichen Meinung" bestimmt, also den alten, relativ gut über Werbegelder kontrollierbaren klassischen Medien. Ein Rücksignal fand, wenn überhaupt, nur im Kleinen, in klassischer Marktforschung statt, oft war sie auch nicht gewünscht. Ein Markenverantwortlicher musste sich dem direkten Feedback und der transparenten Meinung von Millionen von

Menschen kaum aussetzen. Solange die Zahlen unter dem Strich korrekt waren und Branchenpreise hinzukamen, die in der Regel von anderen der Szene verliehen wurden, war man erfolgreich. Jetzt wird dies anders, da in der Transparenz des Social Webs für jeden sichtbar wird, ob das inszenierte Bild auch bei denjenigen ankommt, die dafür eine Zahlungsbereitschaft haben sollen.

Wann sprechen Sie denn?

Wenn man der Frage nachgeht, wann jemand überhaupt über eine Marke in Social Media spricht, wird der Unterschied zwischen alter Massenkommunikationswelt und Social-Web-Zeitalter noch deutlicher. In den klassischen Medien sind es eher simple Mechanismen, die dazu führen, dass eine Marke Gesprächsthema wird. Die Steuerung erfolgt über entweder Werbe-Spendings oder PR-Arbeit. Negativer Berichterstattung kann gegebenenfalls mit rechtlichen Mitteln entgegengewirkt werden. Wann aber nutzen Nachfrager ihre neue Möglichkeit des Sprachrohrs Social Media, um sich im Markenkontext zu äußern? Elementar ist zunächst die Erkenntnis, dass sich Menschen in Facebook und Co. verbinden, um soziale Beziehungen aufzubauen und zu pflegen, nicht um Markenbotschaften zu sehen oder zu senden! Ein Umstand, der trivial klingen mag, aber in der Praxis einiger Markenprofis scheinbar immer noch nicht begriffen wurde. Auf einer Gartenparty sind in der Regel keine Werbebanner, Imagebroschüren und Pressemitteilungen ausgelegt. Natürlich nicht, aber genau das machen große Teile der Markenwelt in Social Media und wundern sich, warum so wenige „Fan" werden. Dennoch sind Marken elementarer Bestandteil einer jeden Gartenparty, aber eben nicht durch Werbedruck. Menschen sprechen mit ihren Freunden und Bekannten in Social Media wie auf einer Gartenparty im Wesentlichen aus drei Gründen. Einmal, wenn die

10. MARKE UND INTERNET

Marke ihnen hilft, sich selbst in ihrem sozialen Umfeld zu positionieren, also mit dem Verwenden dieser Marke die intendierte Aussagekraft dahinter auf sich selbst übertragbar zu sein scheint. Ist dies der Fall – und nur dann – sind Statusmeldungen oder Check-ins zu beobachten, bei denen gerne und freiwillig mitgeteilt wird, was man gerade wo gekauft oder verwendet hat oder was man gut findet. Dabei ist die Branche relativ unwichtig – einige möchten sich gerne als modisch, modern, technisch versiert, andere als lustig, cool, stilvoll oder Ähnliches positionieren. Das zweite Mitteilungsmotiv kommt aus der echten Positivbewertung einer Marke heraus, das heißt, wenn diese wirklich für gut gefunden wird, die Markenbotschaft also akzeptiert ist. Besonders relevant wird dies, wenn Social-Media-Nutzer ihre Bekannten fragen, was denn das Umfeld von Marke X hält oder welche Marke empfohlen wird. Niemand wird seinen Freunden und Bekannten ernsthaft etwas empfehlen, wenn er es aus eigener Erfahrung oder Begeisterung nicht auch wirklich gut findet – unabhängig davon, wie viele Markenbotschaften auf allen Kanälen auf ihn einprasseln. Andernfalls würde man durch einen schlechten Tipp die Freundschaft riskieren – genau diese Gewissheit macht Bekannte ja um so vieles glaubwürdiger als Anbieter mit ihrem rein kommerziellen Interesse. Das dritte ist das für Unternehmen ungünstigste Motiv, nämlich die Unzufriedenheit oder das Nicht-Mögen einer Marke, die heute ungehindert dem gesamten Netzwerk mitgeteilt werden kann.

Markenversprechen – Fragst du deine Freunde oder die Werbung?

Menschen hätten am liebsten immer schon ihre Freunde, Bekannten oder wenigstens andere Kunden auf der gleichen Marktseite gefragt, wenn es um die Bewertung einer Marke geht. Durch die prohibitiv hohen Transaktionskos-

Das alte und das neue Kommunikations- und Marktmodell

Jahr 2000 Anbieter und Nachfrager: Ein Sender – viele Empfänger

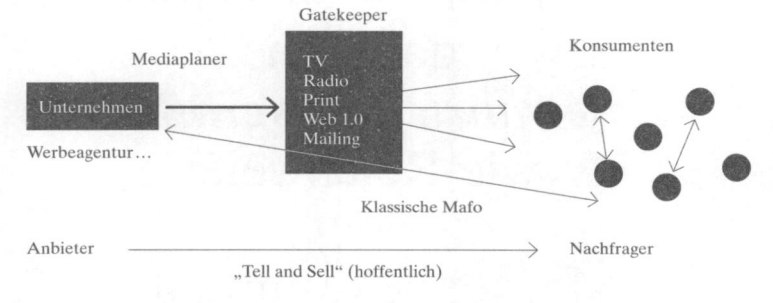

Jahr 2010 Social Media: *Jeder* kann senden und empfangen

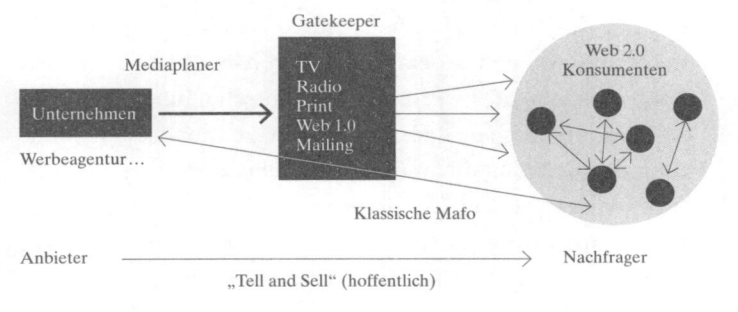

Jahr 2015 *Jeder* kann *überall* und *jederzeit* senden und empfangen
Cluetrain Manifest (1999): „Märkte sind Gespräche"

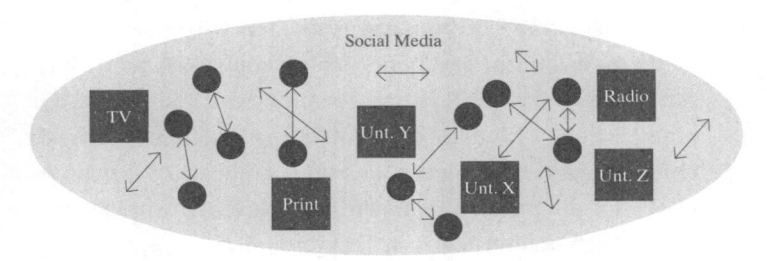

Engagement = Market with customers not at them – listen, talk, sell

TV = YouTube
Print = Blog   } Social Networks (+ Mobil + Konvergenz)
Newsticker = Twitter

Quelle: Brain Injection

10. MARKE UND INTERNET

> »In der Folge *relativieren* sich dadurch *bewährte Messgrößen* wie Reichweite oder Markenbekanntheit.«

ten des In-Kontakt-Bleibens mit dem eigenen Netzwerk in Zeiten vor dem Social Web waren Nachfrager jedoch notgedrungen in 99 Prozent der Entscheidungen auf die Markenversprechen der Anbieter oder die Berichterstattung möglichst unabhängiger Gatekeeper-Medien wie Stiftung Warentest und Co. angewiesen. Heute können diese immer noch informieren, welche Botschaft sie vermitteln möchten, aber für die Bewertung, ob dieses Markenversprechen auch gehalten wird, haben Menschen heute immer und überall Zugriff auf andere, denen sie mehr vertrauen. In der Folge relativieren sich dadurch bewährte Messgrößen wie Reichweite oder Markenbekanntheit. Ob ein lustiger Spot millionenmal gesehen wird, ist die eine Seite, ob das darin gegebene Versprechen, dass man „besser zuhört als andere", auch gehalten wird, dafür hat der mobile Social-Media-Nutzer heute vertrauenswürdigere Quellen. Hat man diesen mächtigen Umstand verinnerlicht, so dürfte deutlich sein, dass die Gespräche im Social Web den ultimativen Test darstellen, ob eine Marke bestimmte intendierte Attribute tatsächlich aus Sicht der Nachfrager erfüllt oder eben nicht!

Vom Manager zum Moderator –
Market and brand with them not at them!

Menschen kann man – ähnlich wie auf Gartenpartys – nicht mit Markenbotschaften bombardieren, ohne dass sie genervt weggehen. Man kann aber, um im Bild zu bleiben, sehr gut zuhören, worüber und wie sich die Gäste unterhalten, um dann zu versuchen, selbst in Gespräche einzusteigen, um sich durch Empathie und Kompetenz zu positionieren und so gemeinsam eine Marke zu entwickeln, die viele Seiten mittragen. Darin ist vor allem eine Chance zu sehen, da Erfolge wahrscheinlicher sind als bei „marktfernen" Beschlüssen. Notwendig sind aber auch andere Fähigkeiten und Rollen: ein Markenmanager „entscheidet" – leider oft an der Zielgruppe vorbei. Ein Markenmoderator macht hingegen Angebote und führt mit seinen Gästen ein gemeinsames Thema nachhaltig fort, wenn es angenommen wird. Andernfalls entdeckt er im Gespräch neue Stoßrichtungen.

Deal with the world the way it is, not the way you wish it was. (John Chambers)

Bisher mag die hier skizzierte neue Welt für Marken noch im Wesentlichen auf die jüngeren und zukünftigen Generationen beschränkt sein, die in diese neuen Rahmenbedingungen hineinwachsen. Dort sind Social Media aber zur selbstverständlichen und dominanten Kommunikationsinfrastruktur geworden – in den meisten entwickelten Ländern nutzen beispielsweise über 90 Prozent der unter 30-Jährigen Facebook. Es ist nicht davon auszugehen, dass sich die Nachfrager die Chance, ihre Bekannten statt Anbieterinformationen zu „fragen", jemals wieder nehmen lassen. Markenverantwortliche, die dennoch im alten Denken verhaftet bleiben, werden sich entweder anpassen oder mit ihren alten Zielgruppen aussterben!

Autoren

Christoph Berdi

Christoph Berdi absolvierte von 1986 bis 1993 ein Studium der Journalistik und Geschichte an der Universität Dortmund und volontierte bei der WAZ-Gruppe. Der Diplom-Journalist arbeitete zunächst freiberuflich für verschiedene Medien wie die Deutsche Welle, Süddeutsche Zeitung und Ruhr-Nachrichten, bevor er 1994 als Wirtschaftsredakteur zum Fachverlag der Verlagsgruppe Handelsblatt wechselte. Dort arbeitete er für handelsjournal, Zeitschrift für den Deutschen Einzelhandel. Seit dem Jahr 2000 ist Christoph Berdi Chefredakteur der absatzwirtschaft – Zeitschrift für Marketing.

Dr. Alexander Dröge

Dr. Alexander Dröge, geboren 1977, studierte Rechtswissenschaften an den Universitäten Marburg, Freiburg und Bonn. Dem Abschluss des ersten juristischen Staatsexamens in Köln im Jahr 2003 folgte bis 2005 das Referendariat in Gießen und Frankfurt am Main, der Abschluss des zweiten juristischen Staatsexamens und die Promotion zum europäischen Wettbewerbsrecht. Nach dem promotionsbegleitenden Einstieg beim Markenverband e.V. war Dr. Alexander Dröge dort seit 2006 in den Bereichen Verbraucherpolitik und CSR tätig. Seit 2009 leitet er beim Markenverband den Bereich Recht / Verbraucherpolitik und ist für Finanzen und Controlling verantwortlich. Darüber hinaus ist Dr. Alexander Dröge Mitglied des Kuratoriums der Stiftung Warentest, Vorstandsmitglied des Aktionskreises gegen Produkt- und Markenpiraterie e.V. und Mitglied des Beirats der Zentrale zur Bekämpfung unlauteren Wettbewerbs e.V.

Peter Englisch

Peter Englisch ist Wirtschaftsprüfer, Steuerberater, US-CPA (Certified Public Accountant) sowie Partner und Leiter der Mittelstandsaktivitäten von Ernst & Young. Seit Juli 2011 leitet und koordiniert er als Global and EMEIA Family Business Leader die 27 regionalen Ernst & Young-Kompetenzzentren für Familienunternehmen weltweit.

Peter Englisch hat umfangreiche Erfahrungen auf dem Gebiet der Prüfung und Beratung sowohl internationaler als auch nationaler Unternehmen und betreut insbesondere mittelständische Unternehmen und Familienunternehmen. Er ist spezialisiert auf Fragen der Finanzierung mittelständischer Unternehmen und Autor verschiedener Mittelstandsstudien (u. a. Ernst & Young Mittelstandsbarometer, Standortstudie Deutschland).

Prof. Dr. Franz-Rudolf Esch

Prof. Dr. Franz-Rudolf Esch ist Head of Marketing an der EBS Business School in Oestrich-Winkel. Er ist dort ferner Direktor des Instituts für Marken- und Kommunikationsforschung (IMK) und leitet als Academic Director das Automotive Institute for Management (AIM). Zuvor war er an den Universitäten Saarbrücken, Trier, St. Gallen, Innsbruck und zuletzt 14 Jahre an der Justus-Liebig-Universität Gießen als Universitätsprofessor für Betriebswirtschaftslehre mit dem Schwerpunkt Marketing tätig. Prof. Esch beschäftigt sich seit mehr als 25 Jahren mit Forschung zum Markenmanagement, zur Kommunikation und zum Kundenverhalten. Mit seiner Beratung ESCH. The Brand Consultants, deren Gründer und wissenschaftlicher Beirat er ist, berät Prof. Esch renommierte Unternehmen aus unterschiedlichen Branchen in Fragen der Markenführung und Kommunikation. Neben verschiedenen Beiratstätigkeiten in Unternehmen (u. a. Vorsitzender des Marketing-Beirats bei der Volkswagen AG und Vaillant Group) ist Prof. Esch Mitglied der Jury zum Markenaward sowie diverser Herausgeberbeiräte von Zeitschriften und Buchreihen. Prof. Esch hat mehr als 450 Publikationen in diversen Medien veröffentlicht.

Prof. Dr. Karsten Kilian

Prof. Dr. Karsten Kilian gilt als einer der führenden Markenstrategen Europas. Mit Markenlexikon.com hat er das größte Markenportal im deutschsprachigen Raum aufgebaut. Nach seinem Betriebswirtschaftsstudium an der Universität Mannheim, der University of Florida und der Université Sorbonne arbeitete Karsten Kilian mehrere Jahre als Consultant bei Simon-Kucher & Partners (Prof. Dr. Hermann Simon) und als Marketingleiter bei einem Internet-Start-up. Seit mehr als 10 Jahren lehrt der an der Universität St. Gallen bei Prof. Dr. Torsten Tomczak und Prof. Dr. Andreas Herrmann promovierte Diplom-Kaufmann als Dozent an Hochschulen im In- und Ausland und berät mittelständische Unternehmen in Markenfragen. Dr. Kilian hält regelmäßig Vorträge auf Konferenzen und Kongressen. Seit 2008 moderiert er jedes Jahr die „Markenkonferenz B2B". Der gefragte Keynote-Speaker ist Autor von über 100 Fachartikeln und Buchbeiträgen. Jeden Monat erklärt er in der Marketingzeitschrift absatzwirtschaft in „Kilians Lexikon" Fachbegriffe aus der Welt der Marken.

Dr. Antonella Mei-Pochtler

Dr. Antonella Mei-Pochtler wurde in Rom geboren. Sie besuchte dort die Deutsche Schule und zog 1977 als DAAD-Stipendiatin nach München, um Betriebswirtschaft zu studieren. Anschließend promovierte sie in Rom und ging dann zum MBA-Studium zu INSEAD in Fontainebleau bei Paris. 1984 begann Dr. Antonella Mei-Pochtler ihre Karriere bei BCG in München; 1990 wurde sie zur Partnerin gewählt. Als Expertin für Markenführung berät sie viele internationale Unternehmen, vor allem aus der Konsumgüterindustrie und der Medienbranche. Dr. Antonella Mei-Pochtler eröffnete 1997 das Wiener Büro der BCG und gründete im selben Jahr den „Brand Club", eine Austauschplattform für Markenunternehmen. 2002 erhielt sie für das von ihr mitinitiierte Bildungsprojekt „business@school" den Preis „Freiheit und Verantwortung". 2008 kürte sie das Consulting-Magazin zu „One of the 25 Top Consultants worldwide". Sie war von 2008 bis 2011 Mitglied des weltweiten Executive Committee der BCG.

Uwe Munzinger

Uwe Munzinger ist Geschäftsführer der Musiol Munzinger Sasserath GmbH, einer Gesellschaft für Markenberatung und Markenentwicklung. Von 1996 bis 2006 war er Geschäftsführer und Gesellschafter von icon Brand Navigation (heute: Icon Added Value), einem international führenden Institut für forschungsgestützte Markenberatung. Vor der Zeit bei icon war Uwe Munzinger bei der BBDO-Gruppe als erster Geschäftsführer für Strategische Planung und Research für Europa zuständig. Seine berufliche Laufbahn startete er bei der GfK-Gruppe, wo er hauptsächlich im Bereich der internationalen Werbeforschung arbeitete. Uwe Munzinger ist Autor der Bücher „Markenkommunikation: Wie Marken Zielgruppen erreichen und Begehren auslösen" (mit K.G. Musiol), „Im Zeitalter der Supermarken: Neue Paradigmen der Markenführung" (mit M. Sasserath und K.G. Musiol) sowie „Marken erleben im digitalen Zeitalter" (mit C. Wenhart).

Prof. Dr. Frank Ohle

Prof. Dr. Frank Ohle ist Vorsitzender der Geschäftsführung (CEO) der STI Group. Aufgewachsen in einem Familienunternehmen der Papier- und Druckindustrie, hat Frank Ohle an der Universität Göttingen in Physik promoviert. Im Rahmen seiner wissenschaftlichen Tätigkeit war er mehrere Jahre als Projekt- und Gruppenleiter für verschiedene renommierte Innovationszentren in Deutschland, USA, Großbritannien und Osteuropa verantwortlich. Von 1996 bis 2000 war Ohle in Führungspositionen in Forschung und Entwicklung bei einem der weltweit führenden Schweizer Unternehmen der Mess- und Automatisierungstechnik tätig. Danach gehörte er bis 2006 zu den MANAGEMENT ENGINEERS und war dort seit 2004 auch Teilhaber. Seit 2006 konzentriert sich Ohle auf die strategische Ausrichtung der STI Group als Partner der Marken mit einem umfangreichen Produkt- und Dienstleistungsspektrum im Bereich Verpackungen und Displays. Parallel zu seinen beruflichen Aktivitäten hält Ohle seit 1996 als habilitierter Privatdozent und seit 2003 als apl. Professor Vorlesungen über Management- und Ingenieursthemen an der Fakultät für Maschinenbau der Universität Karlsruhe (KIT).

Tom Ramoser

Tom Ramoser lebt und arbeitet in Peking als Managing Partner und Head der Global Strategic Business Development Group von Rosebud Strategies Ltd. und berät dort Unternehmen wie China Mobile, LiaNing, Volkswagen und Bosch Siemens Haushaltsgeräte. Herr Ramoser war zuvor Partner bei Roland Berger und lange in leitender Stellung in der internationalen Markenartikel- und Privat-Label-Industrie beschäftigt, unter anderem als Geschäftsführer von Schwan-Stabilo. Herr Ramoser schreibt seit Jahren als Auslandskorrespondent der Zeitschrift absatzwirtschaft Kommentare zu aktuellen Themen und gibt mit seiner Kolumne „Brief aus China" tiefe Einblicke in das Leben und die kulturellen Besonderheiten im Reich der Mitte – und deren Auswirkungen auf das Marketing im 1,5-Milliarden-Volk.

Johannes Rettig

Johannes Rettig ist als Associate Director Mitglied im globalen und EMEIA Kompetenzzentrum für Familienunternehmen von Ernst & Young und spezialisiert auf den Bereich Family Business Development.

Neben umfangreichen Erfahrungen auf den Gebieten Marketing und Sales verfügt er über spezielle Kenntnisse in den Bereichen Knowledge Management und Research. Zu seinen Aufgaben gehören neben der Identifikation und Ansprache von Zielkunden auch die Kontrolle und die Umsetzung der Go-to-Market-Strategie. Er ist spezialisiert auf die Entwicklung nationaler und internationaler Studienprojekte und Mitautor verschiedener Studien (u.a. Wege zum Wachstum: Volkswirtschaftliche Impulse durch innovative Unternehmensfinanzierung; Technologie, Talente und Toleranz: Wie zukunftsfähig ist Deutschland?).

Marc Sasserath

Marc Sasserath ist Gründungspartner der Markenberatung Musiol Munzinger Sasserath und der Markenbeteiligungsgesellschaft supermarque. Von 2001 bis 2007 war er CEO und geschäftsführender Gesellschafter der Publicis Sasserath und CSO bei Publicis Deutschland. Nach seinem Berufseinstieg bei Saatchi & Saatchi wurde Marc Sasserath Strategiechef bei McCann-Erickson und BBDO. Marc Sasserath absolvierte sein Studium der Wirtschafts- und Geisteswissenschaften in Deutschland, Frankreich und Großbritannien und machte seinen Diplomabschluss im Fach Betriebswirtschaftslehre, DipCCC HEC & INSEAD, sowie den Master in klinischer Organisationspsychologie (HEC). Marc Sasserath sitzt im Beirat von gut.org und betterplace.org, im Aufsichtsrat der vocatus AG, ist Gründungsvorstand der apgd und Unterstützer der Humboldt-Viadrina School of Governance.

Prof. Dr. Klemens Skibicki

Prof. Dr. Klemens Skibicki promovierte nach seinen Diplomabschlüssen in BWL und VWL an der Universität zu Köln am gleichen Ort zum Dr. rer.pol. im Fach Wirtschaftsgeschichte (2001). Seit 2004 ist er Professor für Marketing und Marktforschung an der Cologne Business School. Neben der wissenschaftlichen Forschung zum Online-Marketing begann er als Mitgründer der Digitalstrategie-Beratungsagentur Brain Injection in Köln 2006 seine unternehmerische Tätigkeit in diesem Themenfeld. Die Ergebnisse aus Forschung, Beratung vom Start-up bis zum DAX-Konzern sowie der Entwicklung eigener Plattformen mündeten in der Veröffentlichung von mittlerweile sechs Management-Büchern zum Themenbereich Social Media Marketing. Als Redner, Moderator und Autor erläutert er die Folgen der Socia-Media-Revolution aus der speziellen Perspektive langer Strukturzyklen. Forschung und Beratung führt Skibicki seit Anfang 2010 als wissenschaftlicher Direktor des Deutschen Instituts für Kommunikation und Recht im Internet (DIKRI) an der Cologne Business School zusammen.

Literatur

Literaturverzeichnis

Aaker, D. A. (1996): Building Strong Brands, Free Press, New York, NY [u. a.].

Burman, C./Blinda, L./Nitschke, A. (2003): Konzeptionelle Grundlagen des identitätsbasierten Markenmanagements, in C. Burman, Arbeitspapier Nr. 1 des Lehrstuhls für innovatives Markenmanagement (LiM) der Universität Bremen, Fachbereich Wirtschaftswissenschaften, S. 7, Bremen.

Crow, C. (1939): Four hundred million customers, The Albatross, Leipzig [u. a.].

Esch, F.-R. (2012): Strategie und Technik der Markenführung, 7. Aufl., Vahlen, München.

Esch, F.-R./Kroeber-Riel, W. (2012): Strategie und Technik der Werbung, 7. Aufl., Kohlhammer, Stuttgart.

Esch, F.-R./Herrmann, A./Tomczak, T./Kernstock, J. (2012): Behavioral Branding, 3. Aufl., Gabler, Wiesbaden.

Esch, F.-R./Wicke, A./Rempel, J.-E. (2005): Herausforderungen und Aufgaben des Markenmanagements, in F.-R. Esch, Moderne Markenführung, S. 3–55, Gabler, Wiesbaden.

Haunschild, L./Wolter, H.-J. (2010): Volkswirtschaftliche Bedeutung von Familien- und Frauenunternehmen, in IFM Bonn, IfM-Materialien (199).

Hellmann, K.-U./Pichler, R. (2005): Ausweitung der Markenzone: interdisziplinäre Zugänge zur Erforschung des Markenwesens, VS, Verlag für Sozialwissenschaften, Wiesbaden.

Hesse, J. (2011): Familienunternehmen als Marke, Südwestfalen Manager (11–12), S. 105.

IFERA – International Family Enterprise Research Academy (2003): Family Businesses Dominate, Family Business Review, 16 (4), S. 235–240.

Klein, N. (2005): No Logo!: der Kampf der Global Players um Marktmacht, ein Spiel mit vielen Verlierern, 1. Aufl., Goldmann, München.

Kilian, K. (2009): Marke unser – Branding zwischen höllisch gut und himmlisch verwegen, Cornelsen Scriptor.

Lashinsky, A. (2012): Inside Apple - das Erfolgsgeheimnis des wertvollsten, innovativsten und verschwiegensten Unternehmens der Welt, Wiley-VCH, Weinheim.

Levitt, Th. (1983): The Globalization of Markets, SAGE, Los Angeles [u.a.].

Lindstrøm, M. (2011): Warum wir starke Marken fühlen, riechen, schmecken, hören und sehen können, Campus, Frankfurt/Main [u.a.].

Lindstrøm, M. (2012): Brandwashed: was du kaufst, bestimmen die anderen, Campus, Frankfurt/Main, New York.

Mei-Pochtler, A. (2006): Acupuncture for management: neue Perspektiven für Strategie und Führung, teNeues, Kempen.

Mellerowicz, K. (1963): Markenartikel. Die ökonomischen Gesetze ihrer Preisbildung und Preisbindung, 2. Aufl., Beck, München, Berlin.

Merkle, W./Kreutzer, R. T. (2008): Die neue Macht des Marketing – Wie Sie Ihr Unternehmen mit Emotion, Innovation und Präzision profilieren, Gabler, Wiesbaden.

Miller, D./Le Breton-Miller, I. (2005): Management Insights from Great and Struggling Family Businesses, in Long Range Planning, 38 (6), S. 517–530.

Munzinger, U., Wenhart, C. (2012): Marken erleben im digitalen Zeitalter, Springer Gabler, Wiesbaden.

Munzinger, U., Sasserath, M., Musiol, K. G. (2010): Im Zeitalter der Supermarken. Neue Paradigmen der Markenführung, mi, München.

Ritzer, G. (2013): The McDonaldization of society: an investigation into the changing character of contemporary social life, 6. Aufl., SAGE, Los Angeles, Calif. [u.a.].

Schweiger, W./Schultz, K. (2012): Was bringen (prominente) Testimonials? – Werbewirkungsstudien in der Meta-Analyse, media spectrum, Heft 1-2, S. 43-45.

Impressum

DNB, Deutsche Nationalbibliothek

Deutsche Standards: Marke[10]/
Dr. Florian Langenscheidt (Hrsg.)
Köln: Deutsche Standards EDITIONEN, 2012

ISBN: 978-3-86936-448-3

1. Auflage
© 2012 Deutsche Standards EDITIONEN GmbH, Köln

Nachdruck, auch nur in Auszügen, nur mit der schriftlichen
Genehmigung des Verlags. Kein Teil des Buches darf ohne
schriftliche Einwilligung des Verlags in irgendeiner Form
reproduziert werden oder unter Verwendung elektronischer
Systeme verarbeitet, vervielfältigt oder veröffentlicht werden.

Alle Rechte vorbehalten. Printed in Germany.

Chefredaktion: Olaf Salié
Verlagsleitung: Steffen Heemann
Projekt- und Redaktionsleitung: Nicola Henkel
Gestaltung & Satz: Meiré und Meiré
Endlektorat: Julian von Heyl
Herstellung: Firmengruppe APPL, aprinta druck GmbH, Wemding
Vertrieb: GABAL Verlag GmbH, Offenbach
Gedruckt auf Munken Pure Rough 100 g/qm holzfrei,
1,13-faches Volumen